塑造你的完美身材

完美身材

女性HIIT权威指南

[美] 艾琳·刘易斯–麦考密克（Irene Lewis-McCormick）著 潘婷 译

国家队体能教练 高旦潇 审校

人民邮电出版社

北京

图书在版编目（CIP）数据

塑造你的完美身材：女性HIIT权威指南 /（美）艾琳·刘易斯-麦考密克著；潘婷译. -- 北京：人民邮电出版社，2016.11（2017.2重印）
ISBN 978-7-115-43549-1

Ⅰ.①塑… Ⅱ.①艾… ②潘… Ⅲ.①女性－健身运动－指南 Ⅳ.①G831.3-62

中国版本图书馆CIP数据核字(2016)第214498号

版权声明

免责声明

本书内容旨在为大众提供有用的信息。所有材料（包括文本、图形和图像）仅供参考，不能用于对特定疾病或症状的医疗诊断、建议或治疗。所有读者在针对任何一般性或特定的健康问题开始某项锻炼之前，均应向专业的医疗保健机构或医生进行咨询。作者和出版商都已尽可能确保本书技术上的准确性以及合理性，且并不特别推崇任何治疗方法、方案、建议或本书中的其他信息，并特别声明，不会承担由于使用本出版物中的材料而遭受的任何损伤所直接或间接产生的与个人或团体相关的一切责任、损失或风险。

内 容 提 要

本书是为女性量身打造的高强度间歇训练的权威指导书。HIIT 是燃烧脂肪和改善运动能力的一种最有效方式。在书中，你将找到针对 74 项练习给出的步骤训练说明、动作顺序图片、动作变化及建议，从而更好地明确肌肉特点，减少损伤并有效减重。你将学习到 HIIT 锻炼中正确的组数设置，合理的运动时间及休息和恢复时间的比例。你还可以从 16 项完整的训练计划中进行选择，包括 20 分钟、30 分钟和 45 分钟训练课程。

要想认真踏实地锻炼，燃烧更多的脂肪，塑造完美的形体并改善运动能力，选择本书定能让你马到成功！

◆ 著　　　　 ［美］艾琳·刘易斯-麦考密克（Irene Lewis-McCormick）
　 译　　　　 潘　婷
　 审　　校　 高旦潇
　 责任编辑　 寇佳音
　 责任印制　 周昇亮

◆ 人民邮电出版社出版发行　　北京市丰台区成寿寺路 11 号
　 邮编　100164　　电子邮件　315@ptpress.com.cn
　 网址　http://www.ptpress.com.cn
　 三河市海波印务有限公司印刷

◆ 开本：700×1000　1/16
　 印张：12.5　　　　　　　　　　2016 年 11 月第 1 版
　 字数：223 千字　　　　　　　　2017 年 2 月河北第 3 次印刷

著作权合同登记号　图字：01-2016-1228 号

定价：48.00 元

读者服务热线：(010)81055296　印装质量热线：(010)81055316
反盗版热线：(010)81055315
广告经营许可证：京东工商广字第 8052 号

推荐序

曾经……

有人曾告诉你，要想达到减肥的目的，就要每日完成 20~60 分钟的中等强度的有氧训练。

事实上……

长时间的持续运动的确可以达到减脂的效果，但你可以更加高效地达到目的。通常，对专业运动员来说，他们的间歇训练计划要考虑运动强度、休息时间、运动次数、运动组数等因素，并且都有严格的规范。系统化的训练安排，能有效提升运动员的运动表现。

对一般健身人群而言，若能遵循间歇训练理论，并将其运用到实际锻炼中，可以有效提高运动的效率、减少运动的疲劳，同时更能充分享受运动的乐趣与益处。

用更少的时间燃烧更多的脂肪？是的，这并非天方夜谭，通过 HIIT（高强度间歇训练）这种新颖、高效的训练方法，能够达到更好的健身效果。

对于热爱健身的人来说，"HIIT"这个名词肯定不陌生，在近几年它甚至成了一种先进的高端健身方法的代名词。在美国运动医学学会（ACSM）2015 年年初发布的"全球运动趋势报告"中，HIIT 名列第二。

那到底什么是 HIIT 呢？HIIT 的全称是 High Intensity Interval Training，中文名叫高强度间歇训练。顾名思义，就是高强度的训练配合短暂的间歇休息、以不断循环的节奏来进行的训练。

HIIT是金牌运动员的训练圣经

早在 20 世纪 60 年代以前，Roger Bannister（罗杰·班尼斯特）便开始采用间歇训练进行跑步训练，他不仅是第一位突破 4 分钟之内跑完一英里的优秀运动员，而且他还是一位医生。由于工作很忙，每日训练时间有限，于是他想出了间歇训练的方式。将跑步距离分间歇性地段来完成，一直以来都是世界上优秀跑步选手采用的重要训练方式之一。

HIIT是高效减脂的黄金法则

根据 2014 年一份来自我国台湾学者的研究表明，在 8 周 HIIT 训练后，受试者躯干脂肪围度比中等强度运动组多减掉了 50%。一项来自加拿大的研究发现，HIIT 有氧运动可以帮助受试者减掉 9 倍于采用传统方式（中速跑 20 ～ 60 分钟）训练的脂肪。在减重计划中结合 HIIT，将会提升新陈代谢速率达到顶点。通常，20 分钟的 HIIT 训练比在跑步机上连续跑 1 小时还要有效，重点是前者达到了更优秀的效果并且节省了 40 分钟之多，这种训练方式会让你在 20 分钟之内耗尽 100% 的体力，具体方法是 1 分钟不间断高强度运动，20 秒钟休息，至少 6 个循环。

HIIT 也是有效提升运动表现的秘密武器

HIIT 可以使心肺功能提升。HIIT 作为一个强度极大（体育科学中的强度极大的标准是运动时的强度大于 90% 的最大摄氧量 VO2max），一组下来平均心率可以达到 180 次 / 分钟，甚至更高，这个心率对于心脏的搏动能力和呼吸功能，以及氧气和二氧化碳在血液与细胞之间交换的速度和效率都有很显著的刺激。

作者艾琳是一名经验丰富的私人教练，同时也担任多家培训机构的大师级讲师，通过她专业而简洁地讲解，我对 HIIT 高强度间歇训练也有了新的认识和更深入的了解。书中介绍的关于下肢、上肢以及核心部分的训练，以及 16 个完备的训练计划，一定能让你对 HIIT 训练快速上手，收获巨大。感谢作者艾琳，为我们展现了如此高效便捷的训练方式。

通过阅读本书，你将了解到无法拒绝 HIIT 的理由。

1. 节省时间。

你可以选择花一个半小时在健身房按照传统的方法进行减脂训练，或者花 45 分钟进行间歇训练达到同样的强度。对于大多数人来说，挤时间来训练是个大问题。用 HIIT 间歇训练在可以保证训练效果的同时，又节省了更多的时间。

2. 尽快渡过平台期。

并不是说间歇训练比冗长乏味的传统训练方法效果更出众。但是，如果当传统训练方法下看不到身体有任何改变时，就该做出一点改变。比如修改你的训练计划，或者在训练安排中加入 HIIT 训练，帮助身体渡过平台期，继续稳步提升训练效果。

3. 挑战乏味。

一旦常规训练开始让你觉得枯燥，你就可能做不同的力量推举练习，或者改变有氧运动内容。HIIT 训练可以帮助你从一种训练过渡到另一种。这样很有意思，时间也会过得飞快，因为你可以变化不同强度的训练内容，而不是重复乏味单一的训练。

4. 方法简单。

你不用在田径场和健身房之间跑来跑去，就可以完成整个训练日程。根据自己的身体状况制定个人训练原则，会让你感觉是自己在主宰训练，训练中没有计数的要求，训练时间过得很快。

5. 目标人群更广泛。

高强度训练会促进激素分泌，能够燃烧更多的热量，提高人体新陈代谢率。这对你意味着什么？每天消耗的热量越多，你就能减少更多的重量。即使降低体重不是你的最终目标，HIIT 也适合你。HIIT 训练会产生与传统有氧运动截然不同的训练效果。HIIT 不仅对心血管循环系统有益，也对无氧磷酸系统提升有帮助；既能增加心肺耐力，又可以提高速度和爆发力！

身为国家队体能训练中心的体能训练师，2010 年至 2016 年连续两届奥运会备战周期，我有幸为国家跳水队、国家花样游泳队、国家女子篮球队、国家女子排球队和国家乒乓球队进行了体能训练服务。这些不同项目的专业运动员都有一个同样的需求，那就是需要快速高效的训练方法，改善他们的心肺功能以更好地适应每天长时间的高强度专项训练（通常是 6~8 小时 / 天，6 天 / 周），减少伤病发生的概率，提升他们的专项运动表现，以拥有更多的上场机会，赢得金牌，为国争光。

令我尤其记忆深刻的便是 2015 年，为备战女排世界杯，我参与中国女排体能训练时，我们就采用了 HIIT 高强度间歇训练的方法，提升姑娘们的心肺能力。据研究表明，这样可以有效地降低伤病发生的概率。经过了半年时间的强化训练，姑娘们的伤病率确实得到了有效的控制，无论是主力运动员还是替补运动员各个表现神勇，经过艰难的世界杯单循环赛制的考验，中国女排世界杯夺冠，时隔 11 年再登世界之巅。今年的里约奥运会，中国女排再次获得了奥运会冠军！

"安排训练计划是一门艺术！"本书作者为广大读者附上多个 HIIT 训练计划，针对不同人群、不同需求的训练计划，希望你可以有更新鲜的训练体会！

国家队体能训练中心体能教练

谨以此书献给那些每日长时间积极运动，教育并激励他人的健身专业人士们。

目　录

第 I 部分
高成效的高强度间歇训练

第 II 部分
高强度间歇运动

第Ⅲ部分
高强度间歇训练计划

前　言

　　随着高强度间歇训练（HIIT）项目在健身行业中的普遍应用，编写一套完整的讲解 HIIT 及其如何使用才能加强训练的实用性教材成为业界一个明显的需求。目前，几乎没有一本教材单独介绍如何在日常健身中应用 HIIT。本书对 HIIT 精准的训练法进行了讲解，并且介绍了如何使用针对性的练习操控身体能量系统。它包括快速、有效的固定进度练习和恢复训练，能给你带来巨大改变。所选择的练习项目适用于任何健康水平的女性，主要以卡路里消耗、增肌和减脂为目的。

　　大多数的文章和研究指出 HIIT 是面向研究人员、教练及健身专业人士的练习；他们提出了 HIIT 生理学，如何使用其训练精英运动员及通常情况下对身体的益处。此外，大部分文章主要研究 Tabata 训练法，但 HIIT 比起仅要求超高难度的训练来说具有更多的形式和内容。而且，它不仅仅是一种健身趋势或时尚。HIIT 是一种以科学研究为基础的特定训练体系，还是在功能健身领域中采用常规训练同恢复时间比例的连续间歇性训练的副产品。尽管本书的内容能给高水平的教练或健身指导提供面面俱到的帮助，但编写的初衷也是作为一本指南，送给那些不太了解 HIIT 或很少使用 HIIT 锻炼的女性朋友们。虽然以女性为编写对象，但本书也适用于任何健康水平、想要应用 HIIT 取得稳定健身成果和惊人成效的人们。HIIT 在未来健身练习中，将成为各年龄段和健康水平健身爱好者减重、增加耐力、力量和运动成效，提高自身健康状况的下一个合乎逻辑的锻炼步骤。

　　将 HIIT 这类复杂的主题以简洁易懂并便于应用的方式讲解出来是富有挑战性的，然而这也正是本书的编写目的。这是第一本针对女性健身专业人士和女性健身用户的 HIIT 方案完整合集。任何人想要强化日常锻炼，提升身体整体健康水平并提高健身成效，都可以使用这本书。书中所选编的 HIIT 方案讲解详尽，并根据你的健康水平和个人训练目标给出了不同的运动强度策略。这些练习能够增强爆发力、耐力和力量，强调了身体恢复的重要性及其在提升练习成效和预防身体损伤方面的重要作用。为了将这一复杂的主题简单化，书中给出了 16 项浅显易懂且安全有效的练习法。

　　最初的章节中讲解了 HIIT 及连续间歇训练方案，描述了它们的基本理念，并说明了身体恢复在练习中的作用及重要性。我们深入了解 Tabata 间歇训练后便可知道这种练习的理念是极限、混合式和时间限定，遵循严苛、更为严苛、极其严苛的练习模式，是一种提高动作强度而缩短持续时间的时限性极强的训练方案。第 4 章重点介绍了在 HIIT 练习中能够使用到的轻便健身器材，包括哑铃和拉力管。随后的几章重点介绍了 HIIT 练习中由身体各部分完成的练习及混合动作练习：下肢、上肢及核心部位。第 8 章给出了可供选用的推荐训练安排。

书中的图片能够提升学习 HIIT 过程中的经验，从而将练习融入生活。

同时所有的练习都以浅显易懂的方式进行了详尽的描述，根据你所需练习的时间长度分为 20 分钟、30 分钟及 45 分钟的 HIIT 常规练习。甚至还有 20 种极限间歇训练选项，单一的练习动作能够让你在一周内的任何一天中进行 4 分钟的增量练习；当你时间有限或只希望额外提升一下日常的练习活动时，这些内容尤其有用。本书最重要的优点在于对于练习者——想要依据科学研究制订健身计划的人们，在练习中完全不用费力阅读所有的专业术语。

本书是一本健身方面的完全解决方案，为各健康水平的女性朋友们提供了全面、有效并注重成果的训练计划。读者们将在其指导下完成各种形式的练习课程，在需要的时候，使用进阶练习、退阶练习甚至是有所改进的练习方式。增加或降低运动强度的起始过渡环节被融入进每项常规练习的每一个动作模式中，因此能够根据你目前的技术水平及健康水平制订出相应的练习计划。

立刻停止那些简单机械的疲劳式、无效练习项目，那些只会使你过度疲劳，却无法实现超负荷训练。然而，运用这些不同强度及变化多端的训练技术能够持续不断地在每一项练习中充分锻炼你的身体各个部位。按照本书中的内容进行练习能够让你获得事半功倍的显著成效，实现减脂、提升有氧运动耐力、增强无氧运动能力方方面面能力的强化。这本书可以作为你健身过程中的重要组成部分，为你提供了当下的练习教案以及日后锻炼的资源。开始时更加明智和用心一些，便能在更短的时间内获得更丰硕的成果。本书重点强调改善体能及体态，为预期的结果制定了针对性的练习。更用心、更明智地锻炼就能在更短时间内取得成效，因为长时间不代表更有效，而更有效的训练才是更优的选择。

鸣　谢

在此，我要感谢一些卓越人士，是他们在我 30 多年的专业健身职业生涯中影响并鼓励着我。有太多的人需要感谢，所以无法一一提及，但有关于高强度间歇训练，尤其是本书的出版，我要特别感谢布鲁斯和明迪·米尔雷夫妇，他们创立了具有远见卓识完全健康计划的 Tabata 训练营。他们在健身行业中率先以一种可控且有效的方式将 HIIT 引入人们日常生活的锻炼中。明迪一直激励着我，并在编写本书的过程中为我解惑答疑。她与她的丈夫布鲁斯携手，不断致力于鼓励全世界其他人通过合理膳食和进行大小不同规模的 HIIT 计划来改变他们的生活。

我还要感谢 RYKA 运动品牌优秀的工作人员们，特别是托德·默里和瑞秋·千本樱，我们大量图片中美丽模特所穿的女性运动鞋正是由他们慷慨捐赠的。

我要感谢我的上级和朋友，艾姆斯公园 & 娱乐城的南希·肖。谢谢她的支持和鼓励，对我制订的健身计划及执教水平的信任，以及长久以来为我严苛的日程安排所提供的便利条件。

感谢人体运动出版社的工作人员，特别感谢劳拉·普里亚姆在编辑本书过程中所展现的专业精神。感谢米歇尔·马洛尼指导我完成了整本书的编写工作。最后我要感谢我亲爱的丈夫——肖恩，还有我的两个美丽而富有才华的女儿——玛德琳和德莱尼，是他们一直以来的支持和鼓励才让我能去做自己喜欢的事情。

高成效的高强度间歇训练

第1章

理解 HIIT

　　HIIT（High-intensity Interval Training)全称"高强度间歇训练"，也称爆发与恢复循环训练。标准的HIIT是极高强度的无氧爆发式运动配合极短的休息间歇。这种类型的练习能够通过高强度的训练来改善心肺功能和肌肉健康，但它的作用远不止这些。HIIT对身体的许多方面都有益处，包括提高运动能力、改善身体状况，并能起到通过其他传统的稳态耐力训练所达到的减重及促进健康的作用。HIIT方案也被证明能够加速葡萄糖代谢，是一种重要的能量消耗方式，例如燃烧脂肪。

　　是不是听上去好得难以置信？其实并非如此。因为从另一方面说，HIIT要求的是最大的成效——你必须完成短促而极其辛苦的练习动作，而休息间歇却极短。因此，每一次休息都不能错过。HIIT时长从4分钟到45分钟不等，尽管这可能超出了一些人的能力范围，但并不是因为高强度间歇训练有如此多的练习方式，而是因为运动强度大或练习者自身的能力等因素。它可以根据你目前的健康水平来定制训练，以帮助你实现练习的目标。

　　本书提供了各种类型HIIT的演示，包括随着时间的推移，在每个爆发与恢复循环训练中提升运动能力，以完成难度越来越高的练习。在训练中你可以徒手练习或使用器械练习，以及制定多种多样的训练及休息间隔时间方案。书中的练习和运动都遵循安全有效的动作模式，无论你的健康水平如何都适用。

HIIT 的历史

　　尽管HIIT在今天非常流行，但它却不是一个新概念。最常见的名称为HIIT，也被称作HIIE（High-intensity Intermittent Exercise，高强度间歇运动），尤其是在田径项目中又称作SIT（Sprint Interval Training，冲刺间歇训练）。早在1912年，芬兰奥运会长跑运动员汉内斯·科莱赫迈宁就曾采用HIIT方案让自己取得了奥运会金牌。1970年，彼得·科在德国沃尔德·赫歇尔教授和瑞典人佩尔-奥洛夫·奥斯特兰短跑训练的启发下，采用了一种SIT强化训练法训练他的儿子塞巴斯蒂安·科；训练内容由200米重复跑及间歇休息30秒组成。作为奥运会运动员的塞巴斯蒂安·科取得了巨大的成就，创造并打破了多项中长跑赛事纪录，包括800米和1 500米跑。

　　20世纪30年代，一种训练方案发展起来，称作法特莱克训练。法特莱克在瑞典语中是"速度游戏"的意思。

　　法特莱克练习法包含了持续的、稳定状态下的非连续性间歇训练，允许运动员按照个人的选择距离进行各种强度的跑步练习。吉巴拉强化训练法又称里图法，是由马丁·吉巴拉教授和乔纳森·里图创立的。它包括了3分钟热身和其后进行的60秒强度训练（最大摄氧量达到90%），接着休息75秒，如此重复循环8~12组。

1996年最盛行的一种HIIT形式被称作Tabata，是由田畑泉教授研发出来的。这种训练最初被使用于奥运速滑比赛中，按固定的循环方式练习。在他的研究工作中，Tabata要求运动员们进行20秒极高强度的循环练习（最大摄氧量达到170%），随后休息10秒。如此反复4分钟，也就是运动员进行了8轮练习（Tabata及其他，1996）。许多健身专业人士在其运动员及客户的训练体验中采用了这一训练方案，并取得了巨大的成功。迄今为止，Tabata已成为最受欢迎的一种HIIT形式。Tabata方案最主要的优势在于其高强度的爆发性运动能够有效地提高有氧及无氧能力，并在极短的时间内提升运动能力，适用于广泛的体育活动项目。

为什么选择 HIIT

正如前文所讲，HIIT对健康和健身都具有妙不可言的益处。它所使用的练习通常比有氧运动时间短、运动少，却能得到更大的提高。这里所说的有氧运动意味着耗时更多的跑步、游泳、自行车骑行或者使用跑步机之类的有氧运动机进行的运动。HIIT最大的吸引力是能够节省时间，但却一举多得，在健康和运动能力等方面都能够有广泛的收获。

HIIT 对比间隔间歇训练

在过去的几年中，研究都表明间歇训练能够提高身体的整体健康水平；同稳态的有氧运动相比，能够在短时间内燃烧更多的卡路里。过去，传统的间歇训练法通常由各种有氧运动组成，提供短时间较高负重的稳态练习（间歇性的），以及充分的恢复时间，时间长短各不相同。例如，在传统的间歇训练中，进行每次高强度间歇练习的时长和动作速度取决于你当天的身体状况。热身活动后，你可能会提高运动强度30秒，然后恢复到正常的有氧运动节奏。下一次更高强度的爆发性动作可能会持续2~3分钟。运动强度的高低，多长时间转换或者是否增加一个间歇，以及间歇时间多长都极大程度地取决于你自己。

这种以个人状况而制定的间歇性训练方法被称为间隔间歇训练。所以除另有规定外，每项练习的时间间隔及恢复期的长短既不系统也不受控制。这样的间歇训练方法是有效的，因为它能为练习者提供灵活的运动方式，分散进行间隔的高强度负荷动作，并搭配较短时间的恢复期，从而有助于提高无氧及有氧能力。但随着训练时间越来越长，练习的微爆发会越来越低。然而，不同于HIIT，传统的间隔间歇训练在进行较高强度的负荷练习过程中没有精准、明确的时间段要求，也就不能形成一套系统。

本书中所介绍的HIIT方案，都清楚地说明了训练过程中各部分时间间隔的比例，表述明确、详细具体。此外，未完全恢复理论是随机性更强的间隔间歇训练法同HIIT之间的主要区别。由于消极性恢复时间在训练过程中所占计时比例精确，HIIT的难度便更大，从而能产生更强的训练效果。

HIIT 对比稳态训练

通过与稳态的耐力或有氧训练进行比较研究，已经证明了HIIT方案的有效性。要想感受到HIIT的强大功能，重要的是理解稳态有氧耐力运动和高强度练习之间的区别。

稳态有氧运动或耐力练习，仅仅是有氧运动的一种形式，速度节奏持续平稳，可以被定义为连续的运动形式。例如至少20分钟，速度不变的徒步走或跑步，氧气的供给满足于需氧量；心率保持恒定，而不会变得气喘吁吁。在进行HIIT方案时，却恰恰相反，你的能量输出方式有所改变，在短时间内变得呼吸急促，或者近乎于这种状态。最大摄氧量被认为是身体以产生能量为目的而消耗和散发氧气量的上限，是表明运动能力的一项很好的指标。最大摄氧量也被看作是身体最大能量输出的黄金标准，或者说是一个人所具有的最大体能。对于大部分健康人来说，在进行稳态练习过程中的最大摄氧量介于50%~70%。氧气的消耗量会随着运动强度的提高而增加——比如，从休息到简单运动，从简单运动到难度运动，再从难度运动到体能极限运动。

另外，它还通过增强心血管系统的功能能量来适应有氧压力。练习中压力应用的科学术语为超负荷。当身体的一个系统（例如，心血管系统）在有氧运动过程中超负荷时，就会变得更加强壮、适应性更强，也能更好地控制更强烈的运动水平下较强活动所产生的压力。有氧超负荷运动能够使心肌更加强壮有力，提高肺部功能，并能改善整体的心肺功能。这些参数是依据心率、每搏输出量以及心脏肌肉的收缩性（收缩的动力与力量）测量得出的。这些因素也有助于血液循环，使供氧量满足于有氧运动中肌肉运动对氧气和能量的需求。

然而，有氧运动的好处远不止能够强健心脏。它的好处相当多，包括增强骨骼肌的收缩性，促进血液循环，使静脉血液更有效地回流至心脏。血液更快速地回流至心脏增强了心室中血液的补充速度，从而提高了预加负荷。提高的预加负荷能够增强心脏快速排出血液的能力，进而大大增强有氧能力。下列生理方面的标记只是有氧运动带来的益处中的一部分。

- 增加心脏肌肉的大小（强健心脏）
- 增加每搏输出量（每次心跳泵出的血液更多）

- 增加酶的氧化速率（更高效地生成ATP能量）
- 提高氧气和燃料进入肌肉的速度和效率
- 提高慢肌纤维的耐力（类型I，延缓疲劳感）
- 增加脂肪作为能源的消耗量
- 线粒体数量增加（肌细胞的能量工厂）
- 改善处理运动过程中肌肉所产生的废物能力（出现血乳酸堆积，或称OBLA）

但是即使列举了这么多证据来表明有氧运动的积极作用，许多较新的研究依然在不断证明HIIT方案能够提供相同的甚至更多健康及运动能力方面的好处。由赫尔格鲁德和同事们所做的一项研究（2007）表明HIIT在提升最大摄氧量（VO₂max）及心搏量（心脏每次跳动时从左心室泵出的血液量）方面比稳态有氧运动明显更有效果。

另一项研究对一些参与者们进行了调查，他们在10个星期内进行了3次HIIT步行锻炼（以80%~90%的最大摄氧量在跑步机上步行）。调查中将这些参与者同对照组的人们相比较，对照组按照要求以最大摄氧量为50%~60%进行有氧步行练习。进行HIIT组的人们比对照组的人们左侧心室增大了12%，同时心脏的收缩性也提高了。这项研究具有特别重大的意义，因为参与此次调查的人都患有冠心病，他们通过HIIT步行方案不仅使身体得到康复，而且能够以安全的方式改善健康状况和运动能力（Slordahl 及其他，2004）。

未完全恢复

未完全恢复，按照训练时间到恢复时间的比例，指的是恢复时间要么与你所做的高强度微爆发间隔时间相同，要么略短于此时间。在随后的章节中，笔者将详细介绍每一项HIIT方案，并清晰地讲解训练时间到恢复时间的比例。为了在这里阐述清楚未完全恢复，我们以Tabata为例进行说明。在Tabata训练中，训练和恢复的计时比例为2:1，意味着你进行20秒超高强度的运动后，恢复休息10秒。在HIIT的难、较难、极难形式中，2:1的比例代表着40秒的难度间隔训练，然后是20秒的恢复；接着进行较难的间隔训练（30秒间隔练习加15秒恢复）；最后是极难的训练，即20秒最高强度的练习加10秒积极或消极性恢复。

HIIT的特色是系统的训练和恢复时间，或者说是未完全恢复法。未完全恢复后会出现氧债（急性生理超负荷反应，包括呼吸急促和疲劳）及运动后过量氧耗（EPOC——长时间的生理超负荷反应，或是运动后燃烧卡路里）。

请记住比例中的第一个数字代表运动时间，第二个数字代表恢复时间。因为第二个数字小于第一个数字，所以恢复是不完全的。这便是关键所在，因为当你十分卖力地运动时，如果不是采用未完全恢复法，那么就很难达到使你感到疲劳和呼吸急促的氧债状态。

HIIT 的生理学

如上所述，如果不谈优势，那么HIIT方案中所产生的心肺适应性与持续的有氧运动的效果是类似的。但重要的是应理解HIIT方案属于自然的无氧运动，即它们主要是锻炼快肌纤维（类型Ⅱ），与肌肉能力的提高和能量的产生相关。

同无氧代谢相比较，有氧代谢主要产生于耐力练习过程中，通过使用慢肌纤维（类型Ⅰ）、有氧酵解、脂肪酸氧化的方式能够持续较长时间产生能量。利用类型Ⅰ肌肉可进行低强度，长期持续的活动，例如走步、游泳和自行车骑行，对一些人来说还有慢跑。在有氧运动过程中，身体的代谢需要通过有氧代谢得到满足，利用氧气将营养素（碳水化合物、脂肪和蛋白质）转换成慢肌纤维的ATP（三磷酸腺苷）或能量。

有氧系统的代谢供能速度比无氧系统慢一些，因为向工作中的肌肉循环输送氧气才能产生ATP。当运动强度属于有氧范围，即低于乳酸阈值，或者说乳酸浓度在身体排除能力范围内，也被称为OBLA（乳酸堆积），并且你能够在运动过程中自如说话。然而，你所进行的有氧运动越深入，就越接近无氧运动，也就越接近乳酸阈，而此时说话就变得更加困难。举一个例子，如果你以舒适的步伐遛狗，那么你便处于有氧状态即满足的状态，但你的心率在升高。你可能会出一身汗，而你的体温也一定会比休息状态下高一些。可是，如果牵狗的皮带断了，你突然意识到自己追着狗跑过了城市里的10个街区，你的身体则需要生产燃料来满足这突如其来更大的能量需求。无氧供能过程就能实现这些，可以非常有效地为肌肉所处的运动水平产生能量，但也会释放出化学附带产品（即一些影响运动能力的制约因素）。当化学物质（乳酸盐和乳酸）进入血液中，能够改变血液的酸碱平衡度，减缓有氧酶的产生，让你感觉到很累。血乳酸水平急剧上升的一个分界点，意味着从有氧供能转换成无氧供能。一旦身体没有能力排除乳酸，就会感觉非常不适，肌肉和肺部也会出现烧灼的感觉，此时需要控制呼吸，继续运动就会难度更大。

ATP是无氧肌肉收缩最直接的能量来源，而必要的无氧代谢过程主要发生于快肌纤维（类型Ⅱ）。尽管快肌纤维所含有的ATP只够为短时间收缩提供能量，但高能磷酸化合物能够合成新的ATP，以保持无氧能量供给。

在无氧运动中，快缩肌利用ATP-CP供能系统（三磷酸腺苷-磷酸肌酸）产生能量，有时就称为磷酸盐体系。磷酸肌酸产生量大约是ATP产生量的10倍，因此它用来储存ATP，为短时间爆发性高强度运动提供能量，并可维持10秒左右。不同于有氧方式，这种供能系统无须任何氧气来生成ATP。快肌纤维（类型Ⅱ）的特点是具有较低的氧化能力，作用于快速的爆发性运动，例如从坐姿突然到站姿，以及高强度的活动，例如跳跃、投掷和疾跑。在进行大部分HIIT练习时，我们都会用到快肌纤维，因此依赖着这里所讲解的ATP-CP供能系统和无氧糖酵解能量系统的利用和开发。

磷酸盐体系显示使用肌肉中储存的全部ATP进行供能（提供2~3秒的能量），然后磷酸肌酸（CP）分解重新合成ATP，再维持6~8秒至耗尽。在现存的ATP和CP被用完后，身体开始又一次无氧产能，称作糖酵解，继续生成ATP以支撑运动。无氧糖酵解通过分解部分葡萄糖来提供能量，因此ATP全部从碳水化合物中生成；这一过程中附带产生乳酸，且不会停止。当氧气供应充足时，乳酸就会被输送到肝脏内，通过糖质新生过程转变为葡萄糖。这些系统为短暂、高负荷的运动提供能量持续不超过几分钟就会达到血乳酸积累的阈值，生理标示反应就会出现；此时乳酸盐积累量过大，超出了身体的排除能力。

乳酸盐是乳酸的一种化学衍生物，于无氧状态下糖分解成能量时形成。乳酸和乳酸盐时常被混用，但它们之间是有区别的。乳酸释放出氢离子，同一个带正电的钠离子或钾离子相结合，形成一种盐，称为乳酸盐。乳酸盐是肌肉制造燃料过程中的一部分产物，但乳酸的出现是能量生产的一个限制因素。当血乳酸水平达到阈值时肌肉和肺部会有烧灼的感觉，身体也会感觉疲乏，难以活动和呼吸。当身体接近乳酸阈值时，血液缓冲系统会努力运行来减少乳酸的堆积（被称为酸中毒），可血液中的乳酸盐无法被足够快地排除。为了帮助排除乳酸盐，呼吸率（空气进出肺部的频率）就要提高。随着运动强度的持续，身体继续处于超负荷状态，血液和肌肉呈现出酸中毒，然后由于乳酸达到阈值，此时不会再被吸收，最终无法继续运动。这种血乳酸浓度急剧上升的开始起点，称为乳酸阈值。

这些生理学方面的技术性讨论似乎不重要，因为本书中列出的练习项目属于无氧范畴。不过练习时间从30~45分钟延长至60分钟后，你的全身也会进入有氧状态，实现有氧训练的效果，能够促进新陈代谢，也能给你带来许多有氧健康和瘦身方面的益处。表1.1归纳总结了支撑身体的各能量系统所做出的贡献，包括能量来源和大概持续时间。

用 HIIT 增强有氧运动能力

如果前文的研究信息所显示的许多无氧练习的好处不足以让你确信HIIT能够给你带来益处，那么这里还有很多。

表1.1　无氧能量有效性

能量系统	贡献持续时间
ATP-CP	3~10秒
葡萄糖	60~90秒

研究也发现HIIT一个主要的好处是能够增加线粒体密度。在有氧运动过程中，通过分解碳水化合物和脂肪，线粒体利用氧气生成ATP的过程称作细胞呼吸。就在不久之前，运动科学家们认为只有有氧运动才能增加线粒体密度（每个肌细胞中线粒体的数量）。然而，事实并非如此。HIIT一个预期的训练结果是能够增加线粒体的大小和数量。线粒体被看作是细胞能量工厂（Giballa，2009），线粒体氧化酶的增加能够使碳水化合物和脂肪更有效地分解成人体所需的燃料。因此在运动中，增加线粒体的密度对能量使用有着重大的影响，尤其是脂肪的使用。线粒体密度越大，可维持肌肉工作的能量就越多，就越能够在较长的一段时间里产生更大的力量。例如，一名田径运动员之所以能够长时间进行较高强度的跑动，是因为更多的线粒体所产生的能量能够维持较长时间更高强度水平的运动。

过去，有氧运动被认为是能够使用脂肪作为能量来源的更可靠的方法。但是佩里和他的同事们在2008年进行的研究显示在进行HIIT练习6周后，脂肪燃烧量显著提高。这便对那些试图通过缓慢的稳态有氧运动，例如走步或跑步来控制体重的女士们有着重要的意义。遗憾的是，收益递减规律意味着多使用一种运动方式以相同的运动强度和相同的持续时间对身体进行刺激练习，想要取得相同的或类似的训练效果就必须按照之前的运动量继续练习甚至要练得更多。这是因为身体需要持续经过一段时间才能调整并适应某种刺激（运动强度）。身体在努力地保存额外的卡路里，而不是燃烧。举例说明，如果我一星期跑步三天，每天跑3英里（4.8千米），我可能会发现自己体重减轻，并且运动能力有所改变，能够暂时维持这一强度水平的运动；但经过一段时间以后，我的身体会习惯这种运动的刺激，燃烧的卡路里就会变少，并最终停止改变。结果，为了锻炼我的身体并实现我期望的改变（减掉更多的体重），我将不得不增加跑步的时间和强度。较短距离、较快速度的跑动能够提高我的运动能力，燃烧更多的卡路里，因为增加了能量的消耗和身体的超负荷量。距离和时间的缩短，也能够减少对身体的冲击力，从而降低运动过度所造成的损伤和身体超量消耗的风险。

HIIT 的训练时间更短

与有氧运动不同的是，HIIT练习是在略低于或正处于乳酸阈值的状态下进行的。本书中的HIIT项目都是间歇性的训练方案，所包含的练习时间均不超过20分钟（实际进行HIIT练习的时间），让你能够运用身体的主要肌肉进行复合运动。你大概可以猜测到，进行此类费力而辛苦的运动会非常快地让你感到呼吸困难。那么可想而知这种强度水平的运动不可能也不要期望能够长时间进行，也是意料之中。HIIT方案最吸引人的一点是它的练习部分短，但由于运动之后卡路里消耗量更大而效果显著。在2011年的研究中，研究人员发现一次6分钟的HIIT练习（1分钟热身，4分钟HIIT，随后1分钟放松）大约能够燃烧掉50卡路里。可是，锻炼者的新陈代谢在运动之后继续提高；在接下来的24小时中，他们大概能够再燃烧掉250卡路里。

运动之后总计能够燃烧掉300卡路里，这相当于人们在30分钟持续稳态有氧练习中通常燃烧掉的卡路里量（Mylrea，2011）。

运动后过量氧耗（EPOC）和氧债

短时、产生大量储存能量的爆发力运动能够让身体达到乳酸阈值。乳酸阈值是一种生理标记，代表着氧债程度强烈和长期的EPOC，这两个术语也用来验明本书中所提出的HIIT运动的有效性。

运动生理学和科学界用不同的方式使用"氧债"这一术语。大可不必为此困惑，氧债和EPOC两个术语被广泛应用在我们的训练项目中，因为它们在HIIT练习过程中界定主观用力度和确定乳酸阈值时发挥着重要的作用。让我们一同来探究氧债和EPOC这两个概念的起源，并学习它们在本书HIIT练习中所发挥的作用吧。

高强度运动或大负荷阻力训练后，身体需要使用的氧气量仍在提高——所以会比运动开始前需求量更多。这种持续的能量需求被称作运动后过量氧耗或氧债。在早期的运动科学团体中，EPOC被称为氧债。研究人员A.V. 希尔和 H. 勒普顿于1922年提出了这一关于运动后身体状态的术语，并将其定义为"剧烈运动后，肌肉组织需要额外的氧气来进行乳酸氧化从而补充耗尽的ATP和CP（磷酸肌酸）"（希尔和勒普顿，1923）。这个定义实际上已经演变成EPOC，表述了当身体试图恢复体内的平衡状态时或者是剧烈的练习日程结束后休息时间中发生的一些状况。可以把氧债想象成借钱：最终都必须偿还。

在EPOC过程中，身体通过提升消耗氧气速度来努力恢复到运动前的状态，或者说努力恢复内稳态。内稳态是一种身体内部的生理平衡状态。身体的正常状态遭到破坏后，在休息过程中转变成更多的能量消耗状态，或者说增加了运动后的卡路里消耗。

由于身体在运动后继续消耗能量，所以EPOC在体重管理方面起着很大的作用。研究表明比起有氧运动，HIIT能够更显著地影响EPOC，或者说具有更高的运动后持续燃烧卡路里的能力（霍尔托姆等，1999）。一项研究测出了EPOC对于女性使用大负荷阻力进行力量训练时的功效。研究人员由此得出结论，运动后提高的代谢率和女性进行阻力训练之间的确存在一种关联。此外，当训练中的力量举强度增加，EPOC的持续时间也会延长（奥斯特伯格&梅尔比，1999）。

运动后，身体一直在努力恢复到静止的状态水平。这时，一项重要的活动是让身体放松下来。HIIT需要额外的能量来让身体恢复到运动前的核心温度，具体过程是将水分和废弃产物转移至皮肤，使其蒸发和冷却。HIIT练习后另一项重要的生理活动是为磷酸原系统和糖酵解系统补充无氧能量储备。身体也会持续消耗能量来进行血液重新供氧，肾上腺素和去甲肾上腺素的循环恢复，及让其他激素恢复至运动前静止的状态水平。能量的消耗也能将身体的供氧（呼吸）和心率水平带回到运动前的状态。

总之，EPOC的持续期在运动刚结束后达到顶峰，而在几个小时内会下降。一些研究人员表示在运动后的3~16个小时内，EPOC随时会发生。在一项研究中，专门为运动后16小时EPOC状况设计了测试，发现参与者的EPOC提升了，在运动后38小时仍可测到EPOC（许恩基等，2002）。值得注意的是，运动的刺激性越强，EPOC效力延续的时间就越长。

为了符合本书的编写目的，我们使用术语"氧债"阐述对高强度运动的急性反应。例如，当进行运动时，你将会暗示自己按照主观的感受去估测运动的强度。主观疲劳感觉量表的使用被称为RPE，从1到10进行评级(1代表静止状态，10代表竭尽全力），我们的目标是达到无氧阈值，尽力程度的评级要位于9和10之间。这就是所谓的氧债，被用作身体对于运动刺激直接反应的一个灵敏的指标或测量标准。我们一直试图达到强烈的氧债状态正是为了能够长期实现EPOC。

作为一种训练方案，除了所花时间至少比传统的训练方法节省三分之二外，还有什么更不同寻常的吗？HIIT的确如此，当然还有更多显著之处！HIIT最棒的一点在于它所带来的大部分好处都发生在身体的恢复期中。这意味着辛苦却非经常性的训练，同时恢复期也作为锻炼的一部分发挥着作用。这听起来可能好得令人难以置信，但的确是可以实现的。你需要按照要求十分努力地训练，而需要休息时就给自己时间来恢复，这是对于HIIT练习应理解的一个重要部分。如此一来，你便能够收获所有的好处，而避免出现受伤、运动过度或超量消耗等情况。尽管训练需要付出巨大努力，但它的益处值得为此付出。本书提供了你所需要的建议以及安全且能够发挥出最大功效的锻炼方式，相信通过努力你的健康状况一定会达到全新水平。

第2章

恢复的作用

运动练习本身的设计就是对身体自然静止状态的挑战，因此恢复是整个健身计划的一个重要组成部分。运动后充分的恢复，对运动能力的提升、身体状况的持续改善以及降低受伤风险等都起着至关重要的作用。本章主要介绍了恢复背后的科学原理，并讲解了如何应用这些原理来为你的健身锻炼确定安全有效的恢复时间。

大多数运动的人们都有着一种强烈的倾向，即他们主要关注运动练习部分，而并不在意运动前或运动后发生了什么。现实情况却是，比起他们在实际锻炼中花费的时间，运动的人们用于恢复的时间占更大的比例。如果恢复速率过低，更高的训练量和运动强度就可能产生种种过度训练的副作用。事实上，我们在运动前和运动后花费适当的时间来恢复身体可能比锻炼本身对于运动能力的提高和减少损伤更为重要。

高强度的锻炼特别容易损伤肌肉和其他软组织，从而引起短期破坏性的组织破裂。恢复不充分会导致输送至工作肌中的氧气和营养物质大打折扣，加之过度训练，就会减少肌肉产生力量、爆发力和速度的能力，并使最大心率下降，主观疲劳感觉程度也因为较低的耐力而下降。生理上的身体恢复主要发生在运动后，其特点是身体努力恢复内平衡状态。运动锻炼的目的是打破这种内平衡，或者说身体正常的内稳态。锻炼会扰乱内稳态，结果会让身体的化学成分、分子组成及各组织水平失衡。通常还会产生炎症，向免疫系统发出开始工作的信号，包括增加含有肾上腺素和皮质醇的循环激素，从而减少对身体的损害，并加速修复。这样身体对于肿胀和肌肉酸痛的反应才能得以完全适应。如果相对于练习者目前的技术和能力，一项锻炼时间过长或过于剧烈，而身体恢复时间又太短或不去恢复，那么很快就会导致身体损伤和超量消耗。

恢复的益处

要想实现较高的训练量，并能增强进行较大强度运动的能力，而又不会产生过度训练的副作用，那么恢复是必不可少的一个环节。恢复能够让生理功能正常化（例如，使血压恢复到运动前水平，让身体恢复到平静呼吸状态），稳定心动周期，并使心率恢复至平静状态水平。恢复还能让细胞环境还原至运动前的平静状态，也是能量复原的关键，包括血糖和肌糖原这两种对于运动来说至关重要的现成能源。另外，恢复也能够引发一种适应性反应。

随着健康水平的提高，新的血管和肌肉纤维生长旺盛，最终相连形成新的神经肌肉通路。一种适合的代谢反应能够让身体进行更高水平的训练，允许其做出积极的反应。只要身体的负荷程度逐渐提高，就能够对增加的压力做出积极的反应，以适应新的需求。

如上所述，训练后的恢复甚至可能比锻炼本身更重要，因为受损肌肉的修复和重建以及身体所需化学物质的更替只能在恢复期中发生。恰当的恢复能够减少锻炼的压力对身体产生的副作用，并为进行下一步锻炼做好准备。它也能实现情绪和心智方面的必要更新，以避免锻炼产生的无聊感、疲惫感甚至超量消耗。

恢复的类型

最优恢复需要的是身体每个能量系统都以最高水平进行运转。正如我们在第1章中学习到的，三磷酸腺苷（ATP）为骨骼肌的收缩提供了直接的能量来源，不过会受到运动强度和持续时间的限制。鉴于无论在运动中哪一个能量系统负重，ATP对于肌肉的重复收缩都是必不可少的，你或许会认为体内有大量储存的ATP持续可用，但情况并非如此。

身体的能源管道所持续输送能源的时间同ATP可用量差别很大。当进行无氧力量运动时，例如本书HIIT练习中所需要做的那些动作，疲劳感会快速产生。在训练过程中需要无氧途径产生ATP，而时间和运动强度又是能源产生的限制因素。由于这些高强度的运动需要频繁重复，所以不管是锻炼中还是锻炼后的恢复都十分重要。

让我们仔细研究一下恢复的指导方针，并记住恢复的时间同运动的计时比例取决于能量系统，即运动的类型和强度规定了身体所需要进行恢复的时长和类型。恢复的形式有急性恢复（训练中动作与动作之间的休息时间），慢性恢复（同一个星期内两次锻炼之间的休息时间），以及循环训练过程中的长期恢复（两个训练周期之间的休息时间）。表2.1总结了恢复的类型。

表2.1 恢复的类型

类型	说明	例子
锻炼中或短暂主动恢复	一项锻炼中两组训练动作间的休息恢复，或称为锻炼中恢复期	20秒练习，接着10秒恢复
慢性恢复——积极的或消极的	在一个训练星期内两次锻炼之间的恢复休息。主动恢复可能包括两次HIIT锻炼之间由低到中强度的运动环节。被动恢复可能包含手动技术治疗，例如使用泡沫滚轮或进行低强度的锻炼	一次HIIT锻炼需要主动恢复最少24小时才能进行同一个训练星期内的下一次HIIT锻炼。在跑步机上走步20~45分钟，RPE（主观疲劳感觉程度）范围在4~6级便可以做到主动恢复。使用泡沫滚轴按摩特定的肌肉被看作是被动恢复

类型	说明	例子
长期恢复	一个训练阶段内的恢复，可能包含一个直线型的或非直线型的周期循环	一个计划性延长的恢复期，位于两次训练循环之间，完成了专项训练项目或方案后，进行几个星期或几个月的超时恢复

锻炼中恢复

对于HIIT方案来说，短暂的恢复期称为锻炼中恢复或主动恢复。这种恢复形式会保持身体的动态和热度，促进体内物质包括废弃产物在所积累的运动过程中循环散发，让你有喘息的机会，并为下一轮运动做好心理准备。例如，在一项Tabata系列练习中，你可能锻炼20秒，然后休息恢复，准备进行下一轮练习（接下来一组20秒动作），锻炼内恢复期为10秒。主动恢复十分重要，因为它有助于在全力锻炼中降低血乳酸水平，清除酸中毒症状。这种恢复状态能够让身体进行深入呼吸并保持轻微运动。肌肉就像水泵一样将废弃产物清除出去，将氧气和营养物质带回到工作肌中。这10秒钟也能帮助降低心率，保持心脏强有力的跳动，避免血液在下肢汇集，将心率保持在最低和最高值之间，准备进行接下来的一轮20秒的锻炼。

在HIIT方案中，训练时间中恢复阶段所占比例通常较低，这意味着每轮锻炼时间长于每轮恢复时间。例如，在Tabata方案中，计时比例为2∶1，其意思是间隔进行的锻炼时间是期间恢复时间的两倍（比如，一轮锻炼20秒，恢复10秒）。我们的期望是运动能使身体的无氧能量资源耗尽，锻炼类型 II 肌肉纤维（快缩肌），产生氧债现象并最终出现运动后过度氧耗（EPOC）。呼吸变得困难是HIIT中的一个重要组成部分，因为它是一种生理标记，说明此锻炼是一种高强度的刺激，而且身体发生了氧债。

然而，HIIT方案并不总是需要附带着未完全恢复。实际上，一些HIIT练习法使用主动恢复，例如对于那些不能使用未完全恢复进行锻炼的人们。HIIT的一个显著特点是训练中的计时比例能够因人而异。重要的一点是无论使用怎样的比例，始终坚持都是最重要的。例如，如果你使用 1∶2的计时比例，就一定要严格遵守。因此如果每轮锻炼时间为15秒，那么每轮恢复时间应该为30秒。在指定的运动中坚持计时比例一致将能够产生呼吸困难的生理反应，最终发生EPOC，这种生理过程能够让身体在自我修复期继续消耗能量。

本书中的HIIT锻炼内容一般使用了下列计时比例，但你可以根据自身的需要进行改变。

- 锻炼与恢复的比例1∶1——30秒锻炼，接30秒休息
- 锻炼与恢复的比例2∶1——30秒锻炼，接15秒休息
- 锻炼与恢复的比例3∶1——30 秒锻炼，接10秒休息

你所需的恢复时间要依据个人的健身目标、能力和需求来设定，在具体的训练中应遵循本书的指导方针和自身的实践体验。同时也要记住根据你的恢复情况及运动强度，在周期循环训练中，你的运动能力的改变可能会使计时比例发生改变。

慢性恢复

慢性恢复指的是身体需要时间从HIIT锻炼中恢复过来。可以将它看作是一个特定的星期内，两个训练日的锻炼中间的时间。而且，慢性恢复有两种类型——积极的和消极的。

主动恢复

在两次HIIT锻炼课程之间可以按照低至中强度做一些积极的恢复锻炼，如此一来就能够让你继续有能力进行强化训练，且不会让身体因为超负荷、过度训练而失去控制，或是增加潜在的伤害。主动恢复的形式和强度因人而异，但以下指导方针可供借鉴。

两次锻炼之间留有充足的时间

两次HIIT锻炼之间至少要间隔24小时，不能设定在连续的两天进行。例如，如果你在星期一进行了HIIT锻炼，那么下一次锻炼就要安排在星期三或星期四，以便留足恢复时间。

两次锻炼之间的恢复不容忽视

恢复锻炼不会像HIIT锻炼那样让无氧能量系统超负荷运作；相反，它们能够加快恢复的速度，修复受损组织，从而创建更快、更有力的肌肉单位。

过度训练的症状

尤其是在HIIT锻炼中使用快速伸缩复合（跳跃或爆发性）练习时，最好清楚过度训练的症状。过度训练是一种两次锻炼之间没能恢复充分的状态，锻炼太过积极，每星期进行的训练课程太多，或者不遵循推荐的训练和恢复比例及指导方针。

在锻炼计划开始执行的阶段，一段时间没有运动之后，尤其是生病或受伤之后进行练习时，出现过度训练的情况非常普遍。训练高原期，运动能力下降同受伤和超量消耗都是过度训练的明显症状。如果出现以下一项或多项症状，那么应当减少训练强度、频率或持续时间，直到这些症状消失。

- 一次训练课程后肌肉极度酸痛僵硬
- 从一次训练课程到下一次课程，肌肉酸痛程度逐渐增加
- 体重意外降低
- 没有能力完成合理的训练课程
- 休息过程中心率提高
- 失眠
- 关节组织损伤，应力性骨折及疼痛

中等强度、75分钟以内的运动能够减少全身的炎症，增加有益的神经传导物质（例如，血清素和内啡肽），刺激神经生长，并改善工作肌和大脑的血液循环。例如，如果你在星期一进行了30~45分钟的HIIT锻炼，那么在星期二你应该进行有氧运动（按1到10的范围测算，心率应该控制在5或6），比如卧式自行车、使用椭圆机、在跑步机上或户外走步或小跑，或者上普拉提、瑜伽课程等以锻炼力量感、平衡性和灵活性为主的运动，而非高强度运动。渐渐地让你在锻炼中维持长期的平衡感（高强度努力锻炼和较低强度锻炼间隔进行）将能够让你获得最大的收益，而不会让你处于过度使用性损伤，恢复不足的状态，并最终超量消耗。

预备开始和过渡

在进行任何一项锻炼前，都一定要热身和放松，包括积极和消极的恢复练习。想象一下在几秒内，当你的车从挂空挡直接加速到每小时60英里（97千米/每小时）时，会产生怎样的压力呢？这种情况和你的身体在锻炼前没有进行适当热身运动所要承受的相类似。由于热身的目的是让身体为即将进行的运动做准备，所以你应当将其当作一次预先练习，同时也是生理方面的准备。所要选择的热身练习和动作应由你将进行的运动项目来决定。热身应该能够充分提高核心体温，润滑关节（例如，肩部、双膝、髋部、脊柱），使主要肌肉的血液流量提高，并增加排汗量。

放松或过渡练习应当能够让你有充分的准备从锻炼过渡到休息阶段，并且将损伤最小化。你曾在剧烈的锻炼后走进浴室洗澡时，发现自己还在流汗吗？这正说明过渡练习不够充分，未能使心率更接近静态水平；也没有减少工作肌的血流量，致使身体还不能意识到一天的锻炼已经结束。过渡练习的过程也是以静止、维持伸展方式对肌肉进行热身锻炼的好机会。由于肌肉升温且变得柔韧，它们便能更好地适应维持、伸展动作。当然，你也应该花时间让身体恢复到静止状态。表2.2中列出了热身和放松指南。

表2.2　热身和放松指南

	30分钟锻炼	45分钟锻炼	60分钟锻炼
热身	3~5分钟	5~7分钟	5~10分钟
放松	3~5分钟	5分钟	5~7分钟

充足的睡眠

睡眠是最基本的恢复手段。适量的睡眠能够让身体在两次训练之间得以恢复和修整。研究表明，每晚7~9小时的睡眠对于内分泌平衡和身体修整十分关键。睡眠能够通过增加蛋白质合成，提高锻炼所产生的增肌作用，并有助于神经系统恢复至静止状态。睡眠还能增强免疫系统功能，帮助肌肉组织的恢复和代谢平衡。

被动恢复

被动恢复有两种方式：（1）无氧运动后立刻进行的休息恢复；（2）发生在高强度锻炼过程之间较长时期消极的活动。首先，被动恢复在HIIT间歇训练后会立刻发生补充ATP-CP储存行为，并排除由于高强度作用所堆积起来的废弃产物。这些能量系统的恢复和补给十分重要，因为它们在下一次高强度间歇运动中起着不可或缺的作用。被动恢复可以包括一轮锻炼后直接躺下或坐下休息。同主动恢复相比，一轮锻炼结束后被动恢复的缺点是身体的废弃产物，如乳酸和其他化学产物减少的速度较慢，并且血液会滞留在下半身。优点是ATP-CP的再次合成较快；而且，恢复的时间越长，补给越充足。在Tabata方案中，锻炼中的恢复时间只有10秒钟。因此，建议你在HIIT训练期间不要坐下或躺下休息，以便你可以将肌肉作为血液泵，避免血液在下肢滞留。恢复期保持活动也能够更快地移除堆积的废弃产物和一些ATP-CP的补充物，有助于清除废弃产物，促进血液流通。

一些技术能够有助于两次锻炼之间的被动恢复，让身体更好地回到静止状态。这部分内容将详细介绍使用泡沫滚轴在两次HIIT锻炼之间进行被动恢复。

泡沫滚轴是一种廉价的运动设备。自我按摩技术也被称为自我筋膜放松，或SMR。使用泡沫滚轴能够触及肌肉组织的筋膜层（肌肉的外包物)，肌腱和韧带。滚动按摩有助于放松，消除肌肉抽筋或粘连，清除废弃产物，并且通常能够增加血液流通和循环。

滚轴的尺寸和密度多种多样。比起较软、密度较低的滚轴，较厚实坚硬的用起来感觉更加吃力一些。常规的滚轴大约3英尺（90厘米）长，6英寸（15厘米）宽。一些滚轴有纹路，能够增加使用强度。下文列出了使用泡沫滚轴进行自我按摩的一般规则。

- 一次滚动的距离为2~3英寸（5~8厘米），避免在关节和骨头上滚动。
- 缓慢滚动，控制好下背部和肩部。
- 当使用滚轴时，一定要采用正确的姿势，保持身体核心和脊柱平稳。
- 在滚动时，如果感到肌肉抽筋或粘连，试着将身体在这一点上保持片刻，以消除症状。这时可能会有轻度不适出现，但不会感到疼痛。如果几分钟后抽筋症状未能消失，继续放松，过一会儿再按摩那个部位，也可以改天按摩。
- 如果感到疼痛，请停止滚动。疼痛时如果继续滚动按摩会增加肌肉紧绷，使疼痛加重，甚至导致损伤。
- 在疼痛部位停留20~30秒，可以促进放松，减少肌肉紧张和疼痛。
- 只要你觉得舒服，可以每天滚动按摩一次或两次。

•每次使用滚轴后，拉伸工作肌。

•使用滚轴后一定要补充充足的水分，可以帮助你冲净体内堆积的废弃产物，并促进水化合和循环。

当使用滚轴进行自我按摩时，如果你集中按摩臀肌，大腿两侧或四头肌，臀屈肌及小腿，就会得到很大程度的缓解，并能真实地感觉到肌肉紧绷和紧张度逐渐消散。下面给出了使用滚轴按摩各种肌肉的指导说明，请选择最适合自己的方式。

梨状肌（深层臀部肌肉）

开始时坐于滚轴上，单腿弯曲，脚平放于地面保持身体平稳（见图**a**）。前后移动几英寸（约7厘米），集中滚动按摩臀部深层与髋部肌肉（见图**b**）。用双手帮助保持上半身平稳。

侧髋部

侧卧，髋部一侧上方压于滚轴上。上面的腿屈膝，在下面的腿前方交叉，下面的腿伸直（见图**a**）。在髋部上方和臀部周边进行滚动按摩，一次缓慢滚动几英寸（约7厘米），保持姿势不变（见图**b**）。

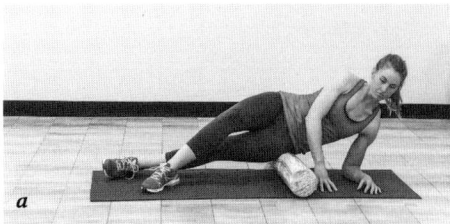

髂腰肌

俯卧于泡沫滚轴上，双臂支撑身体重量（见图*a*）。保持适当的收紧姿势，滚轴滚动至髂腰肌部位（见图*b*）。注意连接腿部和躯干的肌肉，双腿随着身体躯干移动。每次在单侧髋部进行此动作，效果最佳。

股四头肌

俯卧，大腿位于泡沫滚轴上（见图*a*）。从骨盆至膝关节顶部分段滚动，按摩到全部股四头肌肌肉群（见图*b*）。你可以一次滚动按摩单腿或双腿。

大腿内侧

俯卧，单腿向外伸展。大腿内侧肌肉组织按压在滚轴上（见图***a***）。分段滚动，触及大腿内侧肌肉组织的所有部位（见图***b***）。

髂胫束（IT Band）

侧卧于泡沫滚轴上（见图***a***）。下面的腿轻微抬离地面，保持头部、耳部和肩部呈一条直线。仅从髋关节下方开始，沿着大腿一侧向下滚动至膝关节上方（见图***b***）。你可以将双腿并拢以增加按摩强度。

腘绳肌

坐在滚轴上，滚轴位于双腿和臀肌之间的折痕处（也称作臀褶）（见图*a*）。沿髋部向下滚动至腘窝上方，按摩双腿后部（见图*b*）。使用双手和双臂支撑身体，前后移动时保持脊柱挺直。该部位肌肉密集，因此你可以多花些时间练习。

小腿三头肌

双臂支撑身体抬高，在支撑身体的同时一定不能让双肩感到疼痛（见图*a*）。当沿着小腿的长度上下滚动泡沫滚轴时，伸直并使踝关节跖屈（见图*b*）。保持这种姿势时，双臂、手腕及双肩常会感到疲劳，因此应根据需要进行休息。

胫骨前

平稳支撑身体于滚轴上方（见图**a**），轻轻地沿着小腿前部上下滚动，一直滚动至踝关节处（见图**b**）。

下背部

双臂交叉，双手放于对侧肩部，打开肩胛骨，同时保持腹部收缩，身体核心部位和脊柱保持平稳（运用腹壁保护下背部，身体挺直）（见图**a**）。从系腰带部位向下滚动至臀部上方，然后返回（见图**b**）。

中背部

双臂交叉，双手放于对侧肩部，肩胛骨展开，同时收缩腹部以保持身体核心部位和脊柱平稳，运用腹壁保护下背部，身体挺直（见图*a*）。想象自己正在向上拉紧裤子的拉链，但不要憋气。臀部抬起至滚轴支持于后背中部、上部（见图*b*）。当滚动时，一定要保持头部和颈部稳定。

背阔肌

侧卧，一只手臂伸至泡沫滚轴一侧，位于身体旁（见图*a*）。连续滚动，动作幅度最小化；将滚轴沿着身体一侧滚动，集中按摩此部位和背阔肌（见图*b*）。

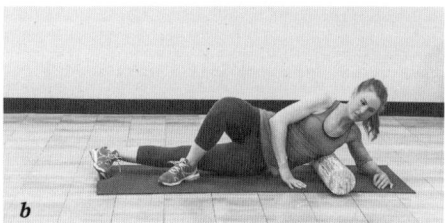

长期恢复

你的训练计划应当遵循一定的计划，包括恢复期内容，才能做到全面平衡，从而降低损伤和超量消耗的风险，并帮助你建立和维护现实的期望和目标。阶段性是计划一个健身训练周期的系统方法。一个阶段性的周期训练是你控制运动强度和运动量所制订的一个计划，朝着明确的成效目标让训练按部分或周期进行。它让你能够按计划提高运动强度，采用一系列训练方案来实现明确的目标；同时也包括恢复，恢复需要直接纳入阶段性周期训练计划内。

根据你的目标和持续训练的能力，两种阶段性训练模式可供采用。线性周期训练适合练习者或运动员根据他们的训练期进行特定目标的训练。例如，一名竞技运动员在赛季期、赛季后、休赛期以及赛季前能够根据所参赛的体育项目轻松地制定训练周期。线性周期训练倾向于提高能力和熟练度，随后进行一段时间恢复。一名健身爱好者采用线性周期训练模式，将四个星期作为一个训练周期，可以用三个星期来进行各种运动量的强度练习，将第四个星期作为恢复周。这种形式可以在几星期中或几个月中，甚至延长到一年中重复进行，成果显著。大多数线性周期训练模式都遵循着训练时间或动作重复次数减少（力量训练），而在训练周期中强度逐渐增加的安排。举一个例子，表2.3中列出了在第一个星期内，你进行了三节60分钟的HIIT练习，每两次之间都进行了恢复练习。这些练习中采用了多种多样的HIIT方案和强度等级。第二个星期里进行了两节或三节45分钟的HIIT练习，但强度增加了。第三个星期里进行了两节30分钟的HIIT练习，其中主要由最高强度的HIIT方案构成。而第四个星期主要用来进行有氧恢复练习，为接下来的四星期为一个周期的训练做准备。

线性周期训练的一个缺点是在整个训练阶段中，最高强度的训练只发生在很短的时间内。对于一名业余运动员来说，这一点可能不成问题；但对于一些需要较高强度，更多训练量的运动员来说，要想根据能力目标使训练多样化，那么线性周期训练可能就有一定的局限性。

相反，非线性周期训练无须遵循计划安排，也不会随着练习阶段的进展而增加训练量。非线性周期训练的形式更为随意，十分适合那些不太善于制订锻炼计划，日常练习又有太多不确定性的锻炼者。在一个指定的星期内，你可以进行较高或较低强度的练习，因为锻炼内容可以天天变化。这一点可能比较重要，因为它能够让你掌握各种锻炼方法的不同运动技能或进行不同强度的练习。

线性和非线性模式的周期训练都能提高运动能力，但由于每个人的恢复程度不同，所以应当通过实践来找到最适合自己的方式。表2.4提供了为期七天的非线性训练实例指南。

表2.3 线性周期训练指南（训练期四星期）

星期	每星期的训练节数	持续时间	难度（级别1~10）
1	3	60分钟	7或8
2	2或3	45分钟	8或9
3	2	30分钟	9或10
4	3~5	45~60分钟	小于7

表2.4 非线性周期训练指南（训练期七天）

日期	训练重点	持续时间
星期一	最大爆发力	30分钟
星期二	上肢和核心部位	45分钟
星期三	休息	
星期四	下肢和核心部位	45分钟
星期五	最大爆发力	30分钟
星期六	核心部位	30分钟
星期日	休息	

　　锻炼后的恢复对运动表现来说是必要的，但许多人仍对休息一天不锻炼而感到愧疚。无论从生理角度还是心理角度考虑，休息日对于锻炼都是至关重要的。休息是肌肉修复、重建和力量增强的基础，而且身体也需要时间恢复至体内平衡状态。设定休息日有助于在家庭、工作和健身方面维持一个健康的平衡。下一章中将讲解HIIT方案，包括你可以组合训练选项，以达到特定的需求和目标。

恢复不是一项建议

你曾因为健身锻炼，超长时间的剧烈活动或是日复一日不停歇的长跑而受伤吗？如果是这样的话，那你有可能经受了由过度训练造成的损伤。这些状况因为限制了训练能力、影响了日常生活行动而令人沮丧。过度训练十分有害，不仅会引起损伤，而且也会导致超量消耗，产生明显且长期的负面影响，从而妨碍健身锻炼的生活方式。健身和运动表现的提升需要的是超负荷运动与充足恢复的复杂结合。太多的超负荷运动和太少的恢复可能导致生理和心理出现训练过度的体征和症状。训练过度是由练习超出某人忍受程度，或超出身体恢复能力而造成的。较长时间、较辛苦的练习如果没能进行有效的恢复，所产生的结果会与训练计划本来想要达到的目的适得其反——将会增加损伤的风险及可能性，并降低运动能力。

下列体征和症状也许可以帮助你确定训练是否过度，且在各部分锻炼之间是否没能让自己充分恢复。

持续的肌肉疼痛和酸痛
睡醒后疲劳感没有消失
静息心率升高
最大心率下降
失眠
烦躁易怒
疾病发生率增加
沮丧
没食欲
损伤发生率增加
强迫运动
失去训练或运动的热情
运动能力下降

你可以使用自己的静息心率指标来衡量是否训练过度。连续三天早晨记录你的静息心率，每天尽量在同一时刻进行测量，其数值应当保持相对一致。任何一次的数值如果高于正常值可能表明你在两次锻炼之间没有恢复充分。如果你的静息心率开始上升，还出现了其他训练过度的体征和病症，你也许即将进入身体过劳阶段，并可能已经产生了损伤。

所有成功的运动员都明白训练课程之间的休息和恢复对于高水平最佳运动能力的发挥极其重要。身体会在两轮锻炼之间进行自我加强和修复，缺少有效恢复的持续训练将会减弱运动员的最强能力。同样的，健身爱好者们需要认识到两轮锻炼之间的充分恢复对于实现健身目标是必需的，这样才不会出现超量消耗，也不会加大损伤风险。然而，许多人仍然训练过度，当休息一天时，他们会心生愧疚。休息日对运动至关重要，同时进行短期和长期的恢复与使用周期性的计划恢复方案一样都将更好地平衡生活方式和健身目标。

第3章

流行的 HIIT 方案

我们已经认识了HIIT，并明白了当采用HIIT方案时，尊重身体恢复需求的重要性。那么这一章我们将讲解各种HIIT方案之间的不同，何时选用它们，以及如何确定哪一种最能满足自己的独特需要。

正如第2章中已经讨论论过的，不论是短期还是长期的恢复都是锻炼的基础。由于我们的健康水平、健身目标以及运动能力各不相同，当选择HIIT方案时，我们需要考虑到运动强度和间歇时长这些因素，以及需要进行恢复的时间。没有痛苦就没有收获的心态，不应该成为一个在进行锻炼与恢复比例选择时的考虑因素。尽管在进行任何HIIT锻炼中竭尽全力很重要，但锻炼与恢复的比例需要同你的健康水平、健身目标以及运动能力相适应。你还需要考虑在锻炼过程中，以及两次锻炼之间需要恢复多少。请记住，动作的质量远比动作的重复次数重要。

下面的段落研究了受欢迎的HIIT方案，你将学到如何以变化多端、准确恰当的进阶方式来执行这些方案。

TABATA

尽管执行HIIT的方法有好几种，但迄今为止最流行的仍是Tabata训练。这种训练模式的比例为2∶1，是田畑泉于1996年研究开发的训练法，由20秒极高强度的运动和立刻跟上的10秒钟被动恢复组成。这种训练方案进行8组，总时长为4分钟。

虽然这种了不起的训练实践从长期和短期来讲都能产生许多好处，但一般水平或者较高水平的训练者每个星期进行这种训练实践的次数也不应超过两次或三次。这种训练方案属于需要最高运动强度的极限间歇训练法，有时被称作真正的Tabata。它被设计成在特定的器械上进行高水平的训练，用于训练极其优秀的运动员。所以，这种方法不能被长期持续采用。

通过运用Tabata的时间规则，我们有办法利用这种 2∶1的训练比例，同时又能避免极限间歇训练，或者避免真正的Tabata可能使身体过劳以及过度训练。

Tabata的时间变化法被认为是由健身倡导者明迪·米尔雷提出的。她关于Tabata训练比例2∶1的想法引发了HIIT训练的一场改革。在米尔雷的规则中，Tabata时间法仍被采用，但练习的强度会根据动作的选择而提高或降低。练习者能够采用Tabata的计时比例，而不会出现不恰当运动选择或者过度训练的风险。练习的要求仍然很高，但由于运动项目的选择，这样训练模式是非常易于管理且可测量的，即使对于那些健康水平较低、受损伤风险较高或者有着其他运动限制的练习者来说也是可行的。

让我们一同研究学习本书中不同类型的Tabata间歇训练法吧。

极限间歇训练

最初的Tabata方案被称为极限间歇训练，与1996年田畑泉研究的最原始的训练法最为一致，采用了极其高强度的间歇运动。在极限间歇Tabata中，一个单项练习要连续进行8轮，按照2∶1的计时比例，20秒锻炼，10秒休息，直至力竭。这是所有Tabata技术中最具挑战性的一项，因为它要求最大功率、爆发力、力量和速度。尽管在8组共4分钟的训练中仅进行一项动作练习，但这项练习代表着练习者竭尽全力进行强度最高的极限动作，通过快速达到并穿越无氧阈值，使身体出现失败表现。米尔雷列出了一份清单，十分有助于选择恰当的运动项目来进行极限间歇Tabata训练。后面的段落叙述了在选择运动项目过程中的指南。

全身运动

由于极限间歇训练只有一项动作练习，所以它必须锻炼到整个身体（例如，全部主要肌肉）。一些实例包括蹲跳、爆发力弓步以及原地高抬腿跑。

用尽全力

极限间歇的练习必须迅速达到最高强度——应让身体快速力竭。必须在最开始的30~90秒急速提升运动强度，让身体尽快超越无氧阈值。

使用简单动作

极限间歇训练需要动作简单可行。练习的动作顺序需要清楚明了，因为复杂的动作容易让人产生困惑，从而降低动作强度。一些练习实例过于复杂，例如前导腿交换，动作形式难以理解。

设置进阶

极限间歇训练必须具有可测量性，必须设置练习进度和考虑动作简化情况，这样任何参与训练的人才能以其最佳的能力完成整个4分钟的练习。例如，深蹲姿势可能有所简化，或者动作变得更加容易，对于那些健康水平较低的锻炼者，可以降低其动作范围或速度（例如，设置训练过程中的退阶法）。相反的，同样的深蹲动作会因为脚跟抬起或小跳、大跳而增加挑战难度（例如，设置训练过程中的进阶法）。

动作完成一致

极限间歇训练需要标准化，每个动作必须完成一致。举例说明，如果练习动作为深蹲、跳跃式或非跳跃式，那么就应该有明确的动作标准，以保证完成动作的质量。深蹲的标准可以是下蹲时，每次两只手指触地或者双手在头部上方伸直。每一组间歇训练中的每一次重复动作都必须遵守这些动作标准。

混合间歇训练

遵循比例为2∶1的Tabata计时技巧的第二项训练类型为混合间歇训练。一项混合间歇训练所提供的重点运动强度与极限间歇训练十分相似，但在4分钟的练习过程中，某些动作强度有所降低。混合间歇训练将两种或四种练习动作结合运用到4分钟的Tabata训练中，提供了更多的变化性。计时比例仍然不变（2：1的比例，20秒锻炼，10秒休息），但所安排的练习项目会改变训练刺激作用，能够重点锻炼特定的身体部分。混合间歇训练的一个实例是开合跳与俯卧撑相结合。

按照顺序，正确地执行混合间歇训练是重点，因为在4分钟的时间跨度内进行两种或四种练习动作，而且每两次动作间只有10秒钟的休息，会让人感到迷惑。为了减少那些一定会影响动作强度的不确定性和复杂性，在进行混合间歇训练时一定要尤其注意，避免理解错误，从而保持动作的强度。

使用开合跳与俯卧撑进行混合间歇训练时，可以按照以下教练提示进行练习。

第1组：开合跳

动作标准为每次双脚并拢时，指尖在头顶相碰。

第2组：开合跳

双脚一定要并拢，每次跳开合跳时，双膝距离与双脚第二和第三脚趾间距离保持一致。可以放慢开合速度，缩小移动距离，或者加大步伐，而非跳起。

第3组：俯卧撑

从直立姿势到俯卧地面动作要小心谨慎。这项动作的标准是右侧膝盖支撑地面，同时保持双臂伸直位于身体两侧。在俯卧撑过程中，每次下降动作时，都保持上臂内侧紧贴着身体。

第4组：俯卧撑

在这一轮中，俯卧撑时左侧膝盖支撑地面。降低动作的速度或减小移动范围，如果动作难度太大，也可以在俯卧撑开始时保持平板支撑动作。然而，不可以停下来。

第5组：开合跳

保持高强度的运动，即使已经感到疲劳。

第6组：开合跳

尽可能保持最大努力，即使疲劳感加剧。严格遵守动作标准，哪怕你不得不选择退阶法（例如，减速）来维持你的运动强度。

第7组：俯卧撑

通过变换动作来做出改变，尽自己最大能力完成每一次俯卧撑的动作。

第8组：俯卧撑

如果动作强度变得过于剧烈，那么请选择退阶法。例如，在俯卧撑的下落过程中，单膝落下。然后使用相同的膝部（或选择一侧膝部）帮助推起身体，回到平板支撑姿势。

正如你所了解到的，练习动作需要保持一致，才能避免困惑和强度的减弱。在这个实例中，第1组和第2组是开合跳；第3组与第4组是俯卧撑；第5组与第6组又是开合跳；而第7组与第8组又是俯卧撑。如果进行四种练习动作，那么你只需要在第

1组中做第一个动作，第2组中做第二个，第3组中做第三个，第4组中做第四个，然后第5组到第8组按照相同的动作顺序重复一遍就好。在混合间歇训练中最好采用两种练习动作，因为记起来更加容易。不过，有时四种动作能够增强训练的多样性和趣味性。

计时间歇训练

最后一种Tabata训练顺序被称作计时间歇训练。这种训练选项同混合间歇训练中的四种动作练习顺序相似，但是计时顺序包括了4~8种中等强度的练习动作，与之截然相反的是一种、两种或者四种强度极高的间歇动作。计时间歇训练为身体健康水平欠佳的人们、那些刚开始涉足HIIT模式的人们，或者那些想要在Tabata训练顺序中完成更多项动作的人们提供了更多的选择。

计时间歇训练也非常有助于热身或放松运动。例如，在Tabata计时比例为2∶1的热身练习中，包括4~8种强度从低到中度的动作。第1组的20秒钟可以原地踏步，第2组可以侧跨步或侧点地，第3组可以做开合跳，而第4组可以是原地深蹲。从第5组到第8组可以重复这一顺序，或者进行不同的动作。在每组动作间的10秒里，小范围的伸展动作能够协助身体顺利过渡到新一组20秒的练习中。当进行放松练习时，按照2∶1的计时比例，从第1组到第8组，保持静态的伸展动作能够让身体从锻炼状态放松过渡出来。表3.1总结了Tabata方法。

表3.1　Tabata的类型和方案

Tabata间歇训练类型	练习动作数量	方案
极限间歇训练	1	以2∶1的比例进行8轮动作，20秒力竭或者竭尽全力，10秒被动休息
混合间歇训练	2或4	以2∶1的比例进行8轮动作，20秒极高强度练习，10秒被动或主动休息
计时间歇训练	4~8	以2∶1的比例进行8轮中等轻度动作，20秒运动，10秒主动休息

难、更难、最难（难度递增训练）

由米尔雷开发的另一种HIIT方案也遵循着 2∶1的计时比例，但与Tabata不同的是动作强度的进阶过程。这种训练方案称作难、更难、最难（难度递增训练），使用一个动作进行三种强度或努力程度的练习，强度水平如下：

- 40秒难度动作，接20秒恢复
- 30秒更难动作，接15秒恢复
- 20秒最难动作，接10秒恢复
- 重复

难、更难、最难的递增训练法十分有助于HIIT练习，因为其提供了进行强度进阶练习的好机会，训练过程中所采用的进阶法能够让你在最难的20秒部分穿越无氧阈值，实现运动后过量氧耗（EPOC）。然而，在30秒和40秒的练习部分中对于动作的要求不同于Tabata模式中20/10秒练习过程。

能够安插在这种方案里的最佳动作是练习时那些自然进行的动作。例如，在难度练习部分，进行简单的原地踏步。重点注意姿势，手臂摆动，膝部高度，脚的位置和身体核心稳定。当40秒练习结束后，进行20秒恢复，可以包括一些简单的原地动态拉伸，为更难部分做准备。

在更难的一轮练习中，原地慢跑30秒。通过控制和提高速度，仅在练习过程中增加强度。原地慢跑比简单的原地踏步难一些，但却按进阶法增加了强度。如果原地慢跑感到吃力，你可以回到踏步状态，或者尝试在30秒的练习中将两种动作相结合。

当30秒慢跑练习结束后，你有15秒的时间让精神和身体得到休息，准备进行最难的一轮20秒练习。这轮练习包括高抬腿跑或原地跑，是三轮练习中最难的一部分，应当包含一个全身范围的动作，才能带领你穿越无氧阈值。在20秒练习过程的最后，你应该会感到呼吸困难。休息10秒钟，准备继续进行下一组难、更难、最难递增练习。

里图法

2009年，加拿大安大略省麦克马斯特大学的乔纳森·里图和马丁·吉巴拉创建了一种HIIT方案，如今被称为里图法。研究人员确定了进行60秒高强度训练（大约摄氧量为95%），搭配75秒的低强度训练（大约摄氧量为50%），共进行12轮练习。这种方法对那些想要进行HIIT练习，但每次又不想进行Tabata练习的人们帮助极大。此外，里图法在进阶和退阶练习过程中较易操作，因为你有更多的时间考虑。同样的，对于练习中尽力程度和强度的变化也是一个很棒的选择。

里图法练习的一个实例为60秒快跑加75秒走步，进行12轮（约27分钟）。因为这种方法具有充分的热身和放松时间，对于各种健康水平的人们来说都是一项十分适合的有效有氧锻炼。在本章的后面部分，我们还将了解一下MIIT方案（中等强度间歇训练）。根据所进行的练习动作，里图法可能被包含在这一训练方案范畴中。

法特莱克训练

瑞典人法特莱克的"速度游戏"是一种有趣的HIIT选择，当与搭档或一组伙伴同时练习时，效果显著。法特莱克训练也被称为非连续间歇训练，因为尽管恢复时间通常短于练习部分，但在这种训练法中却不总是如此。由于一些因素的影响，间歇的时间也会有所变化。

通常来讲，法特莱克训练最好在室内或室外标准的高校跑道上进行。最简单的方法是让所有的参与训练者在同一条跑道上站成一列。如果有5位参与者，站在队列第一位的人就是1号，后面的是2号，依此类推。

参与者开始排成队列进行慢跑或走步练习。在规定的时间结束时（例如，30秒走步或慢跑），队列最后的一个人进行冲刺跑超过其他人来到队列最前面。当她就位后，所有人继续步伐节奏一致，现在队列的最后一位再冲刺到队列最前面。这一过程可以在特定的距离或时间内完成。由于间歇进行的疾跑，走步或慢跑都是在队列中进行的，新的排头一旦形成，队伍最后一位就准备奔跑，这可能不总是按照一个严格的练习节奏，且并没什么影响。由于冲到队列前疾跑的微爆发作用属于高强度间歇练习，所以这种训练形式虽然不是能够完全预测的节奏比例，但同HIIT练习部分相似，也能提供显著的效果。

MIIT（中等强度间歇训练）

在重点介绍了那么多高强度间歇训练后，了解中等强度间歇训练也十分重要，因为这种练习在全面健身计划中起着重要作用。MIIT同HIIT的练习动作几乎相同，但不进行超高强度的练习部分，而是采用中等强度间歇练习。例如，按强度级别从1到10，一个HIIT方案在难度间歇练习时要求级别达到9~10（采用20/10模式，20秒的运动将有难度）。在MIIT遵照相同的20/10模式练习中，20秒的练习强度级别将为5~7。

MIIT在提高耐力水平方面极其有效，它消耗作为能量来源的脂肪，充分利用运动对健康的益处，而且不用像HIIT那样有着不变的要求。MIIT也是一项非常棒的恢复练习，对于全面训练计划来说尤其重要。为了避免HIIT练习过程中出现过度训练，MIIT方案可以在进行间歇训练时采用，而不会出现HIIT中过度训练的情况。

以提高健康状况和增加运动强度为目的所采用的HIIT方案变化性很强。通过锻炼，可以让自己比想象中的更加强壮，包括深蹲再低一些、让自己再勇敢一些。简单地进行难度练习具有挑战和困难，还时常缺少以目前技术和能力水平为基础所制订的计划、进阶和目标。辛苦的锻炼会让你出现过度训练状态或者受到损伤，因此会让你自己的健身目标遥不可及。HIIT练习能够帮你在悬崖边运动而不会跌落，它们提供了有效、安全、创新和可靠的运动方式。辛苦锻炼与聪明锻炼有着天壤之别，这也正是HIIT被称作以运动能力为基础的训练方式的一个原因。当脑中想着一个训练表现目标时，你就不会简单盲目地进行困难的任务而一无所获。以运动表现作为目标，一定会有疲劳感；却没有必要只是在锻炼中将自己击垮，从而减少了运动体验。本书中所讲解的方法有着对体力的需求，但总会提供进阶法或退阶法来保证动作的质量。所制定的标准也将协助你实现目标，而不会威胁到你的健康和安全。

第4章

利用辅助工具和小物件

在HIIT过程中使用轻便的健身器材是一种很好的训练方式，能够提高挑战性，增强变化性，并且能够锻炼到其他健身要素，例如力量、耐力和爆发力。健身器械包括药球、瑞士球、拉力管、悬吊带、迷你蹦床、滑板滑垫、壶铃以及哑铃等，能够增加自重锻炼的维度。本章将讨论在HIIT练习中安全利用辅助工具和小物件的最佳方法。

为什么使用辅助工具和小物件

通常被称作辅助工具和小物件的轻便健身器材能够在HIIT练习中提高许多运动强度、变化性、刺激性、身体特定部位针对性及锻炼的可行性。尽管在HIIT练习过程中，徒手健身操是主要的锻炼重点内容，但器材却能增添兴趣和乐趣。例如，药球就是一种训练上肢耐力与力量时的新方式。瑞士球让你做俯卧撑时能感受独特；在身体离地向上时，为上肢和身体核心部位提供了不同类型的挑战模式。拉力管能为指定身体部位进行的抗阻训练提供新的方向。所有这些辅助工具的重量都相对较轻，便于抓握，使用简单，方便收纳，同时能够增强训练的专注度和挑战性。

如果没有这些辅助工具或小物件，你仍可以徒手进行HIIT练习。辅助工具不是必需的，然而它们能够提供你可能期望或需要的各种各样的选择和变化，来实现具体的训练目标。

辅助工具和小物件的安全性

当在HIIT练习中使用器材时，必须首先考虑到安全性。如何使用器材是一个重要的考虑方面。辅助工具和小物件应当有助于增加练习体会，而不是减少。如果它们不能使练习更加有效或增加独特的挑战性，那么它们可能是无用的。由于HIIT方案在高强度侧向和前向动作中有着极高的体力要求，而一旁的器材可能会分散练习者的注意力或造成危险。当使用轻便的器材时，放置的位置一定不能挡住身体移动的方向，以避免踩到或被其绊倒。

以下列出了安全使用辅助工具和小物件的要点：

- 明确自己的健身目标、技术和能力，包括任何曾经受到过的损伤或身体限制。
- 选择你可以全程完全操控的重量或负荷。
- 练习前阅读辅助工具和小物件正确使用和重量限制的相关说明，例如使用瑞士球和悬吊带。
- 当不使用时，将全部器材放置于远离身体移动的位置。
- 为了避免器材的滑落或掉落，要擦净器材上被汗水浸湿的地方。

辅助工具和小物件的选择

在HIIT练习中可以使用的诸多辅助工具和小物件中，重要的是根据你的健身目标和兴趣，在能够使用的器材中，选出哪一种最适合你。下面介绍了各种各样可以在HIIT练习中使用的小物件和辅助工具，包括推荐使用的尺寸和重量，以及最适合的练习。

药球

药球被用于上肢的推拉动作，以耐力或力量为基础的身体核心部位练习以及旋转动作。在进行深蹲、弓步或投掷动作时，也能增加下肢的负荷。轻重量的药球是最佳选择，按顺序使用2磅、4磅、6磅或8磅的球（1~4公斤）（1公斤=1千克，余同）。

瑞士球

瑞士球在上肢或下肢的练习中提供支撑以及加大挑战。它们也在核心部位练习中增加了阻力和平衡的挑战性。推荐使用直径为22英寸或26英寸（55厘米或65厘米）的瑞士球。

拉力管

拉力管提供了多维的力量和耐力挑战，能被用在上肢或下肢锻炼中。此外，进行核心部位平衡训练时几乎总是使用拉力管。用各种方式使用拉力管能够模仿日常生活动作，从而增加训练的功能性。

握住把手能够将拉力管拉长，或变成8字形。所产生的阻力大小会随着拉力管的长度和密度而发生变化。拉力管的颜色通常指明了阻力级别。

悬吊带

悬吊带为上肢、下肢以及核心部位提供了独特的训练方式。被固定后，悬吊带能够为一次HIIT练习增加有氧、力量、灵活以及耐力方面的挑战性。悬吊带利用了身体对于固定点的重力和位置。有许多品牌的悬吊带可供选择，但TRX悬吊带最受欢迎，通常被用在自重训练中。

悬吊带的"学习曲线"难度较高，比其他辅助工具和小物件需要更多的指导说明，但容易适应和快速掌握。

迷你蹦床

私人健身蹦床或迷你蹦床对于高强度间歇训练来说是一个很棒的选择。因为它们能够在高冲击性的蹦跳过程中，大量减少地面的反作用力，但仍能维持有效的强度和挑战性。市面上的许多蹦床能够最大支撑350磅（159千克）的体重，使用弹簧负重和束绳连接模式。

在HIIT练习过程中，重要的是正确掌握蹦床的使用技术才能让练习产生适当的刺激性，从而穿越无氧阈值。例如，当使用蹦床在身体下落过程中，重点应学会如何落地或放松身体。

滑板滑垫

滑板滑垫是一种能够在地面上滑动的小型塑料或布料。它们能增加任何一项锻炼上肢、下肢或核心部位运动的强度和挑战性，例如开合跳、弓步和俯卧撑。

这种滑盘大约为一个纸盘子大小，当被施加适当的压力时，能够轻松地在地面上滑动。毛巾和纸盘子可以用作滑板滑垫的替代品：毛巾最好用于木质地面；而纸盘子最好用于地毯表面。

壶铃

在增强力量、耐力和爆发力，控制性旋转以及多维平面移动的锻炼中，轻重量的壶铃能够发挥出优秀的刺激作用。壶铃十分有助于增强握力和控制力，使用时需要有效的核心部位控制和全身活动。

由于壶铃是一种摇摆器材，所以只使用一个。与需要控制关节和使用核心肌肉发力的哑铃的使用反应相比，身体对于壶铃做出的反应是不同的。因为HIIT的快节奏练习环境，所以强烈推荐使用轻重量的壶铃：4磅、6磅、8磅、10磅、12磅和15磅（2~6公斤）。

哑铃

哑铃能够帮助增强力量、毅力、耐力、体积以及工作肌的张力，并且能够在HIIT日常练习中增加有效的负重。若将力量训练与有氧运动相结合，使用哑铃进行练习是一种安全且有效的方法。但一定要使用自己能够操控的重量，8磅、10磅、12磅、15磅和20磅（4~9公斤）的重量最适合此种训练。

小物件、辅助工具以及其他便携器材在HIIT练习中十分有用，因为它们提供了多样性和格外的挑战性。用起来也极其有效，因为动态移动模式能够显著增加HIIT计划的成效和全身运动体验。辅助工具和小物件也可以让你针对具体的身体部位进行练习，在进行HIIT的同时增强耐力和力量，强化肌肉力量。

后面的章节将探讨这些辅助工具和小物件的使用方法并讲解一系列的练习方法，包括燃烧脂肪、塑造和调节上下肢，增加核心部位力量以改善练习姿势和耐力，强化肌肉来改善动作和平衡性。

高强度间歇运动

第5章

下肢运动

人类的身体能够进行各种各样的运动，但根据你所练习的类型，一些运动最适合进行HIIT锻炼。虽然只有有限数量的动作能被选入某种练习计划中，但动作的变化是永无止境的。而且尽管在HIIT练习中可以使用辅助工具和小器材，但最经济实惠、最容易获得的练习器材正是你自己的身体。自重练习极其有效，若想得到最适合的HIIT方案，关键是要根据你的预期目标来进行选择。同样重要的是，要确切地理解练习运动应该是什么样子、应该如何进行，以及为了创建安全、有效和循序渐进的运动模式应做出哪些修正。

下肢肌肉

下肢肌肉系统由大腿（也称作股四头肌）、腘绳肌、臀肌或髋部、内收肌或大腿内侧以及小腿肌肉组成。臀肌延伸至髋部，能够将腿部离心后伸，也能让腿部在身体一旁向外展，还能向内展。内收肌或大腿内侧，能够让腿部朝着身体中线向内移动。腘绳肌位于大腿的后侧，能使膝关节弯曲，脚跟上提至臀部。股四头肌位于大腿的侧面，延伸至膝关节，能让腿部伸直和抬起。小腿肌肉能够协助双膝和脚踝向下指（足部跖屈），同时帮助脚尖点地身体上抬。所有这些运动模式在你将进行的HIIT练习中的下肢运动课程中都会用到（见图5.1）。

无论是进行自重练习，还是使用辅助工具或小器材练习，都取决于你的目标身体锻炼部位。相对其他而言，一些动作会更适合你个人的技术、能力及目标。清楚地了解下肢肌肉系统组成将帮助你根据自己的预期目标选择正确的练习动作，并让你更好地明白能够让肌肉发达的重点是什么。下文讲述了最佳的HIIT下肢练习项目，讨论了采用快速伸缩复合训练的重要性，以及讲解了运用身体自重进行的基础练习动作。

强壮的下肢肌肉对于我们的日常生活及功能活动很重要，包括走步、跑步、爬楼梯，甚至坐下和再次站起。

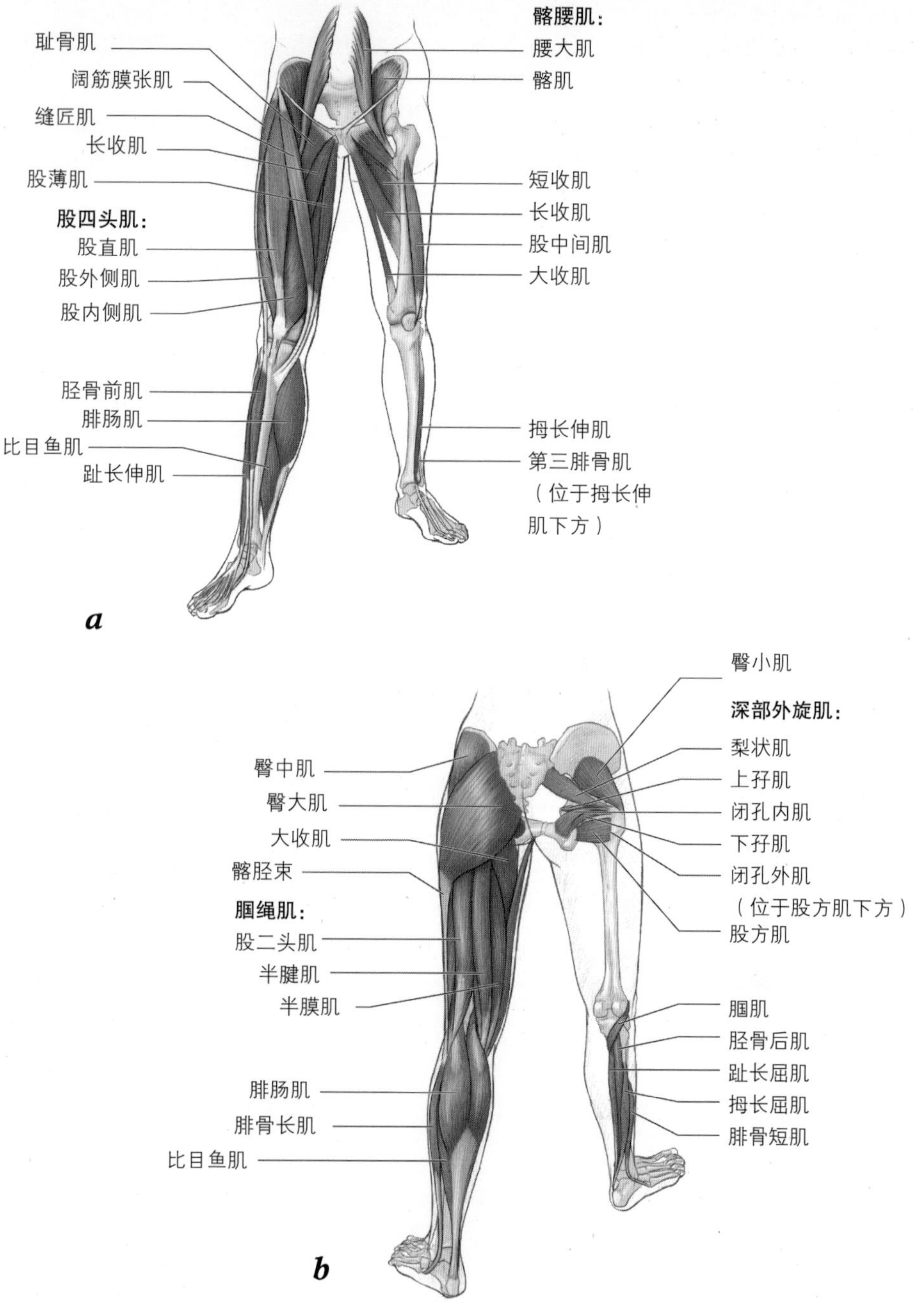

耻骨肌

阔筋膜张肌

缝匠肌

长收肌

股薄肌

股四头肌:

股直肌

股外侧肌

股内侧肌

胫骨前肌

腓肠肌

比目鱼肌

趾长伸肌

髂腰肌:

腰大肌

髂肌

短收肌

长收肌

股中间肌

大收肌

拇长伸肌

第三腓骨肌

（位于拇长伸

肌下方）

a

臀小肌

深部外旋肌:

梨状肌

上孖肌

闭孔内肌

下孖肌

闭孔外肌

（位于股方肌下方）

股方肌

臀中肌

臀大肌

大收肌

髂胫束

腘绳肌:

股二头肌

半腱肌

半膜肌

腓肠肌

腓骨长肌

比目鱼肌

腘肌

胫骨后肌

趾长屈肌

拇长屈肌

腓骨短肌

b

图5.1 下肢肌肉：（*a*）正面图像；（*b*）背面图像

因为下肢是整个身体的基础支撑，包括躯干、上肢、头部和下肢力量，这些对于身体其他部位的平衡、支撑和稳定起到了关键的作用。此外，由于体积最大的肌肉位于下肢，因此锻炼下肢能够燃烧大量的卡路里，使肌肉更加结实并促进新陈代谢。协调平衡下肢力量对于运动能力和整体健康水平也十分重要。

同样的，下肢力量也是能够进行剧烈的身体活动的关键，包括跳跃、深蹲、弓步、跑步，所有这些运动都被纳入HIIT练习中。因为下肢的肌肉是体积最大的，所以它们对锻炼中产生氧债的过程起到了关键作用。

髋关节屈（或屈髋、硬拉）

当进行下肢运动时，在增强爆发力和下背部保护方面，髋部的作用必不可少。利用髋部大体积肌肉来保护背部是锻炼时的关键，尤其是进行下肢运动。髋关节屈髋是本书中所讲解的许多下肢运动中的一个基础动作形式。如果屈髋动作不正确，那么在练习中就会对髋造成危害。

屈髋动作是将髋部弯曲（双腿与躯干连接部位），脊柱伸展，即向上挺直并伸长。在一个正确的屈髋动作中，肌肉收紧，身体重心后移；臀肌、腘绳肌和背部都绷紧；双脚牢牢地支撑整个身体的重量。屈髋动作不同于深蹲，而不能说是深蹲动作的一个部分。

做屈髋动作时，双脚分开站立，与髋部或肩部同宽，脚尖略微朝外。身体轻轻向后坐，先屈髋，然后屈膝（见图5.2）。你应该保持髋部弯曲到最大程度，而双膝弯曲程度最小。双膝只是轻微弯曲，同时挺直脊柱，骨盆向前倾斜。髋部和尾骨同时下落，臀部后移。笔者通常使用"人手三明治"作为动作提示，来帮助人们做出正确的屈髋动作。将双手掌心朝上，放入双腿和身体及下腹部相连的关节韧带处。当你在做屈髋动作时，你的双手应该被卡在那里。如果你的动作不正确，那么你的双手将轻松地从髋部韧带处伸进伸出。若出现这种情况，你的背部可能是弓起而非挺直的。

图5.2 髋关节屈

下肢练习基础动作

基础动作是标准化的自重练习，基于能够在特定平面中移动具体的关节部分。例如，深蹲是针对下肢练习的基础动作。但基于预期成果和训练目标，一个基本的深蹲动作看起来就大不相同。练习中可以有所变化，如使用壶铃或滑板滑垫进行深蹲，或是简单地增加一个纵跳，这些都为HIIT运动提供了更多的选择。

下文中描述了能够在HIIT运动中使用的下肢练习基础动作，包括如何以最基本的水平完成它们，以及一些更多的练习选择。第8章讲述了许多练习动作的顺序选择。

基础动作1：深蹲

深蹲作为HIIT计划的一部分，你需要明白它们的作用以及如何正确地完成。之所以说深蹲是基础动作，正是因为它们是日常活动的一部分。在做深蹲动作时，身体的重量由双脚平均承担（例如，弯腰蹲下拾起掉在地上的东西，坐到椅子上或马桶上）。此外，由于深蹲需要下肢肌肉和关节在活动中发挥重要的作用，所以它们能够消耗大量的能量。因此，这里讲解了各种各样的深蹲动作来帮助你在HIIT练习中实现适当的超负荷运动。

基本深蹲

　　双脚分开平行站立，间距略宽于髋部，脚尖微微向外（见图**a**）。保持脊柱挺直，尾骨朝地面下落，臀部向后，颈部保持中立位，下颌与地面平行（见图**b**）。无论双膝是否超于脚尖，都应该沿着每只脚的第二和第三根脚趾的轨迹前后移动。双膝弯曲，重心尽量向下，同时保持脊椎笔直，任何关节处都无疼痛感，包括双膝和髋部。最终让大腿同地面平行，体重均匀分布于双脚。在做这个动作时，你将会完成最大限度的屈髋动作。当深蹲动作到位后，双脚向后蹬地，向上推动身体呈完全直立姿势。

深蹲至提踵

双脚分开平行站立，间距略宽于髋部，脚尖微微向外。保持脊柱挺直，尾骨朝地面下落，臀部向后，颈部保持中立位，下颌与地面平行，身体向下呈深蹲姿势（见图*a*）。起身呈站立姿势，脚跟抬离地面至前脚掌撑地（见图*b*）。当脚跟上提，前脚掌平衡支撑时，双脚必须保持一致，不要上下踮起脚跟。

深蹲跳

　　双脚分开平行站立，间距略宽于髋部，脚尖微微向外。保持脊柱挺直，尾骨朝地面下落，臀部向后，颈部保持中立位，下颌与地面平行，身体向下呈深蹲姿势（见图*a*）。起身呈站立姿势，并发力向上跳起（见图*b*）。轻轻落地，身体立刻向下还原至深蹲姿势，然后重复动作。

肘部驱动深蹲跳

双脚分开平行站立，间距略宽于髋部，脚尖微微向外。保持脊柱挺直，尾骨朝地面下落，臀部向后，颈部保持中立位，下颌与地面平行，身体向下呈深蹲姿势（见图*a*）。起身呈站立姿势，并发力向上跳起，双肘向后用力摆（见图*b*）。轻轻落地，身体立刻向下还原至深蹲姿势，保持前臂相互平行，双肘下沉，肘部触碰大腿上方。将双肘与大腿相触作为深蹲动作的标准，控制到位，以保证动作质量。按动作讲解重复练习。

偏移式分腿姿深蹲

单脚略微向前站立，双脚间距至少与髋部同宽（见图***a***）。想象自己站在两条铁轨上，后脚与轨道略微分开，呈45度角，前脚朝前。身体向下呈深蹲姿势，保持身体重心在双脚之间（见图***b***）。脚跟落地，但不可抬起后脚，体重于脚掌均匀分布。在完成深蹲时，添加跳起或提踵动作能够增加强度。按规定完成动作，然后换另一只主动脚（前脚）进行练习。

单腿深蹲

单脚站立保持平衡（见图*a*）。尽量向下蹲，另一条腿向前伸展，保持在所能控制的高度（见图*b*）。保持脊柱尽量挺直，支撑腿的膝部保持与地面上的脚趾的方向一致。如果你的单腿深蹲动作正确，那么在身体向下蹲的过程中，向前伸展的那条腿将比弯曲的膝盖略低。还原至直立姿势，重复动作。

直角跳转深蹲

　　双脚分开平行站立，间距略宽于髋部，脚尖微微向外（见图**a**）。保持脊柱挺直，尾骨朝地面下落，臀部向后，颈部保持中立位，下颌与地面平行（见图**b**）。起身还原至站立姿势，并发力向上跳起，空中旋转90度角，轻轻落地还原至深蹲姿势（见图**c**和图**d**）。重复练习。如果在转体时感到眩晕，就请保持深蹲跳动作或进行左右交替直角跳转深蹲。

侧跨步

双脚平行站立（见图*a*），并侧跨一大步，向下深蹲，双膝弯曲（见图*b*）。进行下蹲动作至大腿尽可能地同地面平行。起身站立，同时跨步脚蹬地，髋部和臀肌发力将身体还原至直立姿势。换主动腿重复动作。

芭蕾深蹲

　　双脚分开宽于髋部站立，脚尖外转至臀部肌肉感到紧绷（见图*a*）。保持脊柱笔直，同时尾骨垂直朝向地面下落（见图*b*）。体重均匀分布于双脚，双膝沿着每只脚的第二和第三根脚趾的轨迹前后移动。双腿站直，还原至直立姿势，并重复动作。

击踵芭蕾深蹲跳

双脚分开宽于髋部站立，脚尖外转至臀部肌肉感到紧绷。保持脊柱笔直，同时尾骨垂直朝向地面下落，至芭蕾深蹲姿（见图*a*）。起身回到直立姿势，并用力向上跳起，双脚脚跟在空中轻击（见图*b*）。双脚分开与髋部同宽，轻轻落地，身体立刻向下还原至芭蕾深蹲姿势，并重复动作。

分腿半蹲跳

　　开始双脚并拢，然后双腿分开跳起呈宽位深蹲姿势，就如同在做一个开合跳动作的分腿跳，但动作较慢。当双腿跳开后，身体下落至深蹲姿势，控制动作至身体平稳（见图*a*）。双腿合并跳起，身体直立，还原至初始姿势（见图*b*和图*c*）。根据自身的目标和平衡能力，可以较快或较慢地完成这项练习。

伐木式深蹲

双脚分开站立，间距略宽于髋部，双手合十，向上抬起。身体向下呈深蹲姿势，将双臂（保持双手合十姿势）伸到左膝外侧，尽可能小幅度地转动身躯或脊柱（见图**a**）。也可采用身体向上跳起，双手举起前臂，下落至膝部，进行深蹲来增加强度（见图**b**）。按规定完成动作，然后换另一侧练习。

波比（立卧撑）

双脚与髋部同宽站立或靠得更近（见图*a*），向下深蹲，双手伸向地面，放于双脚两侧（见图*b*）。双脚并拢向后跳，做俯卧撑撑起动作，保持平板支撑动作（见图*c*）。然后双脚立刻朝双手跳回（见图*d*），并回到伸直状态，还原至站立姿势（见图*e*）。重复动作。为了使强度更高，可以增加一个俯卧撑和纵跳动作。

基础动作2：弓步

同深蹲一样，日常生活中也频繁用到弓步动作，比如走步、跑步、爬楼梯，以及上下车等。在每一次做这样的动作时，你的双脚都不在同一条线上，角度不同，移动的平面多种多样，有时高度也不同。因此，在做这些动作时，训练能够对脊柱和其他关节起到稳定作用的肌肉是十分重要的。与做深蹲动作不同，在做弓步动作时，身体的重量不是平分至双脚。你需要清楚体重支撑的分配，来保证正确地进行弓步动作。弓步动作也需要一些下肢的主要肌肉来配合完成，而且也能进行各种平面的活动。由于许多运动中都包含弓步动作，所以弓步动作能以多种方式进行。

基本弓步

从站立姿势（见图**a**），向前迈一大步，前腿膝部弯曲，身体下落至前腿大腿同地面平行（见图**b**）。后脚跟抬离地面，你的体重应分摊在后脚前脚掌和整个前脚上。脊柱保持挺直，就像正用头部顶住一个盘子。从侧面看，你的耳朵、肩部、髋部、后腿膝部应垂直地面。

前后弓步

　　从站立姿势（见图**a**），右腿向后迈一大步，身体下落至右膝几乎触碰地面，大腿于髋部下方与地面垂直（见图**b**）。左腿膝部与脚尖方向一致。后脚蹬地，还原至站立姿势（见图**c**）。现在，右腿向前迈一大步，身体下落至左腿膝部几乎触碰地面（见图**d**）。换另一侧，重复动作。

循环弓步

身体站直（见图**a**），左腿向前迈一大步，呈前弓步姿势（见图**b**）。弓步向下，用力向上垂直跳起，空中交换腿动作（见图**c**），右腿换到前面，左腿换到后面（见图**d**）。交换后的双腿继续发力垂直下蹲。尽可能保证后腿膝部缓慢落向地面，位于髋部正下方，前侧腿屈膝90度角，与脚尖方向一致向前。按规定完成动作，继续进行交换腿练习。

斜弓步触地

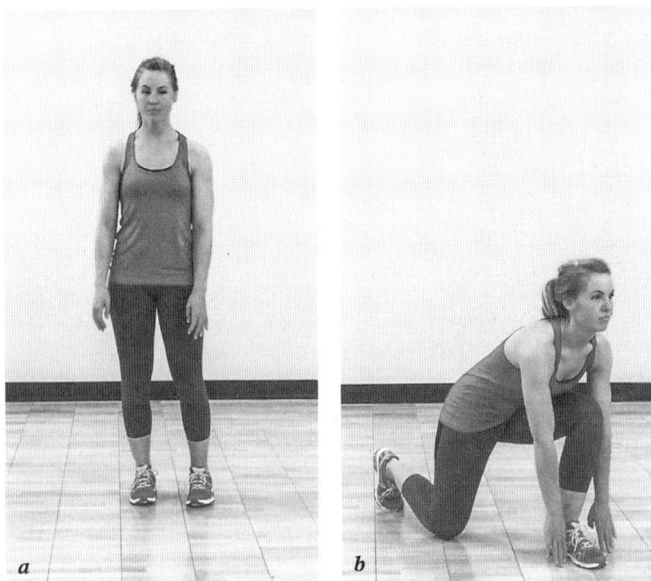

　　身体直立（见图*a*），向斜前迈步形成前弓步姿势，双臂垂直向下，双手触碰前脚两侧地面。尽量保持脊柱挺直，身体前倾时，做屈髋动作（见图*b*）。后迈步呈直立姿势，双脚平行，换另一侧腿，重复动作。

巴西弓步

单脚站立开始（见图*a*），身体下落呈原地起跑式弓步，左腿屈膝置于左脚正上方，双手自然下垂，放于左脚两侧，双手和指尖尽量不受力（见图*b*）。右腿向后伸展，膝部挺直，腘绳肌尽量高抬。后脚用力向前迈步，双脚处于平行位置，起身呈直立姿势。右腿再次向后迈步，身体下落至开始姿势，重复动作。要想提高动作强度，可添加单膝上举或单腿跳动作。按动作规定进行同侧主动腿重复练习，然后换腿练习。

复杂弓步

　　双脚向两侧打开，脚尖略微朝外，双膝移动方向与脚尖一致（见图**a**）。身体下落，左膝弯曲的同时保持右膝挺直。做屈髋动作，保持脊柱挺直，下颌同地面平行（见图**b**）。左右转换身体重心，减少重点的上下移动（例如，身体保持低位，当重心从一侧腿转向另一侧时，尽量不要上下摆动）。将主动腿从左腿换到右腿。当身体向一侧移动时，膝盖弯曲，反方向腿伸直，连续进行这种交换动作，同时保持双腿和髋部收紧。

单腿平衡弓步

　　单脚站立开始，支撑腿挺直，另一侧腿膝盖弯曲，以便后脚能在身体后面于膝盖高度悬空（见图*a*）。身体向地面下落，支撑腿弯曲，继续保持平衡（见图*b*）。试着让后腿弯曲的膝部尽量靠近地面，继续保持身体平稳，然后缓慢还原至直立姿势。同侧腿重复练习，然后换腿练习。

屈膝交叉弓步

　　双脚分开平行站立，与髋部同宽，脚尖向前（见图**a**）。身体下落，重心位于右脚，保持支撑腿肌肉收紧。左腿向斜后方迈步，左前脚掌轻放于地面，位于身体的右侧。身体向下至右腿大腿尽量同地面平行，做出最大屈髋动作，双膝弯曲（见图**b**）。收缩腹壁，核心部位肌肉绷紧以保持脊柱稳定。然后起身回到站立姿势，左脚收回同右脚平行。换另一侧腿，重复动作。

触摸侧弓步

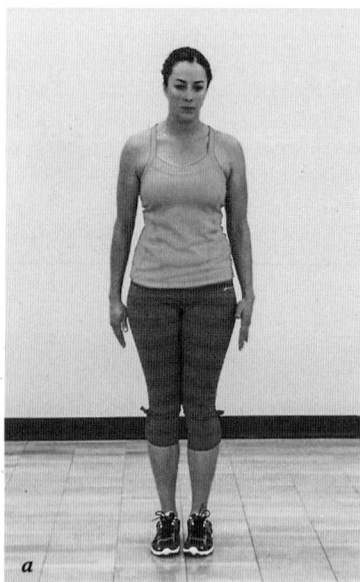

双脚并拢，脊柱伸展挺直站立（见图*a*）。左脚向左侧迈一大步，身体向下，做最大屈髋动作。左膝弯曲，但保持右腿伸直，髋部向后。保持脊柱伸展，颈部弯曲（下颌内收），双眼注视前方地面2~3英尺（60~90厘米）处，用右手指尖触碰左脚（见图*b*）。左侧脚和腿蹬地，髋部发力，还原至直立姿势。

内收侧弓步

　　双脚分开站立，与髋部同宽，脊柱伸展挺直。右脚向右侧迈一大步，身体向地面下落，做最大屈髋动作（见图***a***）。右膝弯曲，左腿伸直，髋部向后，保持脊柱伸展。下颌内收，身体重心前倾，下颌向前探出2~3英尺（60~90厘米）。当回到直立姿势时，身体用力向上，右腿于体侧伸直抬起（见图***b***），然后放下，膝盖再次弯曲，将重心置于右脚和右侧髋部。

向前提膝弓步

　　双腿呈弓步前后分开；左腿在前，右腿在后，重心落于后脚前脚掌上。双臂屈肘，脊柱挺直伸展。后腿膝盖位于髋部正下方，落向地面（见图*a*）。努力使左侧大腿同地面平行，发力并快速向上抬起左脚和左腿（见图*b*）。脑海中想着将膝盖径直举向天花板，右腿膝盖保持弯曲。左腿膝盖抬起时，避免背部倾斜，在整个运动过程中，保持右脚前脚掌支地。

钟摆弓步

双腿分开站立，间距远比髋部宽，重心位于左脚，右脚脚尖点地。接着将身体重心快速从左脚转向右脚，身体重点快速在双脚间转移，保持脊柱挺直（见图 **a** ~图 **c** ）。当你将重心从一侧换到另一侧时，一条腿拉回，另一条腿伸出。当换脚时，身体重量从脚到脚尖转移，每次动作要考虑将更多的体重由一条腿支撑。

其他HIIT动作

其他一些下肢练习动作对于HIIT模式来说也很有效。按照上文讲解的，深蹲和弓步彼此可以相互组合练习，也可以同其他动作组合练习。这些组合练习要求动作协调和努力，这也正是它们适合HIIT模式的原因。

波比纵跳

波比是负重深蹲起动作的另一个名字。做波比纵跳时，开始呈站立姿势，双脚分开，与髋部同宽（见图*a*）。双手指尖伸向地面，双手放于双脚两侧（见图*b*）。向后跳呈俯卧撑姿势，身体保持平板支撑（见图*c*），然后双脚立刻向前朝双手跳回（见图*d*），并回到站立姿势，再立刻向上纵跳，双臂伸直置于头顶（见图*e*）。

波比俯卧撑纵跳

开始呈站立姿势（见图 **a**）。双手向下伸向地面，同时弯曲双膝置于双脚两侧（见图 **b**）。双脚并拢向后跳，呈平板支撑姿势（见图 **c**）。当身体下落再抬起，即做俯卧撑动作时，双臂保持强有力的支撑并伸直，核心部位用力收紧（见图 **d** 和图 **e**）。然后双脚立刻向前朝双手跳回（见图 **f**），回到站立姿势，紧接着向上纵跳，双臂伸直置于头顶（见图 **g**）。

登山者

开始呈平板支撑姿势，双手略微放于肩部前方，手指展开，肩胛骨向后向下用力。髋关节微屈，左膝上提至胸部（见图**a**）。跳起换脚（见图**b**），右膝上提至胸部，同时左腿用力伸直（见图**c**）。连续跳起换腿或双脚交换向对侧胸部上提。

海豚式俯卧撑

开始呈屈臂平板支撑姿势（见图*a*），双手交叉握紧位于胸部下方，双肘于身体框架外部呈一定角度。脚尖触地，保持平板支撑姿势，髋部朝天花板向上凸起，保持屈髋，脊柱伸展，双腿伸直（见图*b*）。髋部下落回到平板支撑姿势，并重复动作。

速滑式

开始双脚并排站立。左腿向后迈，屈膝，左脚前脚掌略微朝后，重心位于左脚。身体向下呈滑冰姿势，左手向下伸直至右脚上（见图*a*）。脊柱伸展，屈髋。在身后交换腿，每次交换时向外伸直，触地（见图*b*和图*c*）。后腿由髋部发力驱动，重心始终放低，动作快速，平稳有力。

莫卧儿转体

　　开始呈站立姿势，双脚并拢，屈髋，核心部位收紧。想象自己正站在一个钟面上，开始时双脚指向12点钟方位。身体重心下移，双脚同时跳起右转（见图*a*），落在3点钟方位，然后跳回到9点钟方位（见图*b*和图*c*）。

转体

　　开始呈站立姿势，脊柱伸展挺直，双脚并拢。双手合十位于胸前，肩胛骨下拉，肘部略微向下向外。跳起双脚脚尖从右侧转向左侧。双脚转向一个方向，双手和双臂跨过身体中线转向左侧（见图*a*~图*c*）。在整个运动过程中，双手和双臂用力端紧，来努力保持背部肌肉和肩胛骨收紧。

增强跳跃

开始呈站立姿势，然后右膝径直向上抬，同时左脚跳离地面（见图）。双臂摆动发力，带动身体纵向跳起。连续交换膝部发力跳跃。

双臂向前开合跳

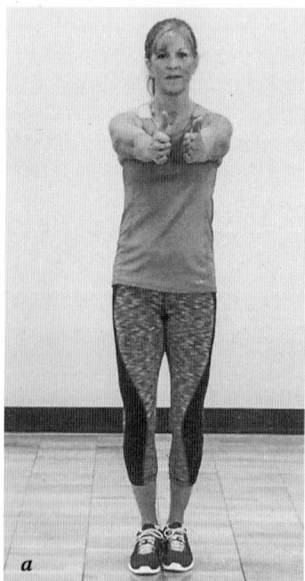

　　开始双脚并拢，双臂前平举于胸部高度（见图*a*）。当做开合跳时，双臂侧平举，肘部完全伸展（见图*b*）。还原至开始姿势，并重复练习。

HIIT 和快速伸缩复合训练

爆发力动作和跳跃被称作快速伸缩复合训练，在HIIT运动中被普遍使用，并通常是下肢运动的重点内容。这些练习经常被用于那些能够在锻炼肌肉的训练中产生氧债，使肺部有"灼烧"的感觉。快速伸缩复合训练对HIIT运动十分有益，因为通过提高上肢和下肢的爆发力输出，它们能够帮助身体产生适当的负重，锻炼目标肌肉，增强肌肉耐力和力量，提高灵活性和挑战性，并协助身体穿越无氧阈值。通常作为HIIT运动一部分的快速伸缩复合训练有深蹲跳、弓步、跳跃、冲刺跑和爆发式俯卧撑。任何一项具有爆发力，包括快速、发力跳起，单腿跳或跳跃在内的动作都属于快速伸缩复合训练范畴。

HIIT中的快速伸缩复合训练的目的是使身体产生超负荷状况。这种状况出现的原因是在强有力的运动动作中，例如跳跃和冲刺跑，快速伸缩复合训练在肌肉拉长后立刻捕获产生的能量(离心收缩)，通常先于肌肉向心收缩或肌肉缩短。

要想理解HIIT运动中采用快速伸缩复合训练的目的，重要的是理解快速伸缩复合训练的工作原理。如弹簧效应这项肌功能，能够吸收能量然后释放能量，也被称为拉长-缩短循环。这种循环能够驾驭穿越肌肉的神经脉冲。在几毫秒内，神经信息从拉长的肌肉被传送到脊髓，标志着肌肉开始强有力地收缩。在受力时，肌肉会快速拉长(例如，重力)。在触地时，工作肌在进行伸展-缩短循环运动中一直吸收能量。如果触地时间太长，吸收的能量就会作为热量丢失。如果时间刚刚好，那么所控制的能量就能够产生巨大的、强有力的肌肉收缩。动作越快通常越能产生较强的收缩效果，在进行快速伸缩复合训练时，更多的肌肉纤维被调动起来，就能提高所产生的动力。这样就会提高卡路里消耗，加强运动后过量氧耗(EPOC)。不过，采用快速伸缩复合训练也会增加身体过劳损伤和超量消耗的潜在风险。由于这些原因，每星期只能在非连续的2天或3天中采用快速伸缩复合训练作为锻炼的一部分。

下肢练习动作库中为你提供了多种HIIT运动选择。书中讲解的大部分动作都能根据你的需要退阶进行（变得更简单或更易做到）或进阶（变得更具挑战性）。利用快速伸缩复合训练的力量练习也是增强锻炼中疲劳感的关键，将是你HIIT计划的基础内容。在后面的章节中，你将学习上肢和核心部位运动以及如何进阶和退阶。只要你理解了这些练习，就已经为开始训练做好了准备，从而能够进行具有爆发性和有效的HIIT计划，并可能取得最佳的训练结果。

第6章

上肢运动

上肢的锻炼对肌肉力量和整个身体核心部位的稳定十分关键。此外，上肢训练重要的是被应用于HIIT运动中，因为它能在生物力学方面帮助你平衡运动。上肢肌肉数目繁多、复杂，对全身力量和功能的发展有着重要的作用。

当做上肢运动时，你会发现局部肌肉疲劳更明显，同HIIT下肢运动过程中引起呼吸困难的全身疲劳感截然相反。因为肌肉能够快速适应压力，通常仅在6~8项练习中就可根据具体的运动进行调整，而你将需要进行各种各样的上肢运动才能维持渐进超负荷状态。这正是针对每个肌肉群会有多种练习运动的原因，同样也可以使用身体自重、拉力管和哑铃在运动中产生变化。这种变化将帮助你达到超负荷训练，并实现你期望的训练结果。

本章将指导你完成在HIIT锻炼中采用的各种最佳上肢运动，并讲解它们最大的好处是什么，以及如何做这些运动以达到最理想的结果。你将先学习上肢主要肌肉的位置，以及在日常活动中对你的帮助。

上肢肌肉

由于上肢肌肉如此紧密结合地活动，所以它们应被视为一个肌肉群进行锻炼，重点训练它们的动作。你肯定希望采用一种功能性途径来对它们进行训练，同时考虑它们的工作原理，以及在日常生活中对你有什么帮助。上肢的主要肌肉位于背部、胸部、肩部和手臂。

背部肌肉

背部的主要肌肉有背阔肌、斜方肌、菱形肌和竖脊肌。这些肌肉能够让肩部内收和外展，内旋和外旋，肩胛骨上抬，扩肩，颈部和下背部弯曲，还能够让你在爆发力和力量的作用下自由地移动上肢（见图6.1）。

上肢最大的肌肉背阔肌，沿着身体两侧成扇形。它们的起点在脊柱下方，跨越背部宽度，在上臂和肩关节连接处逐渐变窄。

斜方肌

大菱形肌

背阔肌

竖脊肌

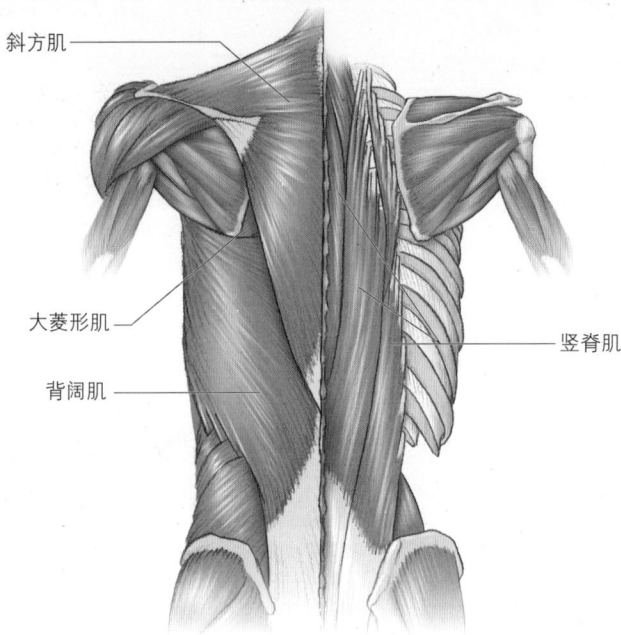

图6.1 背部肌肉

　　强化背阔肌（英文中通常被称作lats），能够让你的背部更宽，呈现外展状态，向着腰部逐渐变窄，成V字形，营造出腰围较细的视觉效果。这些大块的背部肌肉能够帮助身体完成大部分拉的动作，也能让双臂伸展出去，然后收回到身体两侧。针对背阔肌的一些练习动作有助于肌肉力量的生成，轮廓清晰，改善身体姿态并增强核心部位稳定性。

　　斜方肌是扁平的三角形肌肉，从颅骨底部或颈部顶端开始，插入锁骨后面和肩胛骨中，为上背部和肩部构造出理想的肌肉形状。斜方肌能够帮助肩胛骨收拢和向下，也能作用于双臂上提和双肩耸起。

　　菱形肌的活动同斜方肌联系紧密，是位于上背部中间、肩胛骨之间、斜方肌深层的菱形肌肉。菱形肌能够协助斜方肌拉动肩胛骨收拢，并帮助完成需要"拉"的动作的任何身体活动。

　　最后来介绍竖脊肌，也被称作下腰背肌肉。它们实际上是从颅骨底部开始，成锥形沿背部逐渐向下。它们由两股肌肉组成，分别位于脊柱的两侧。竖脊肌能让脊柱弯曲再伸直，也能让脊柱伸展（挺拔端正的姿势）或弓背，因此它们对于核心力量，稳定性和正确挺直的身姿非常重要。

胸部肌肉

位于上肢前面的肌肉是胸部肌肉。胸大肌呈扇形，以胸骨中心为起点，向胸部两侧外展，最后与上臂骨（肱骨）连接。胸小肌位于胸大肌下方，是一块较单薄的肌肉，起点位于肋骨处，也同上臂相连。胸部肌肉的任务是让双臂能够以各种角度进行向内和穿越身体中线的活动。这些肌肉也能作用于双臂和肩部的"推"的动作，例如推购物车、婴儿车或做平板支撑及俯卧撑动作（见图6.2）。

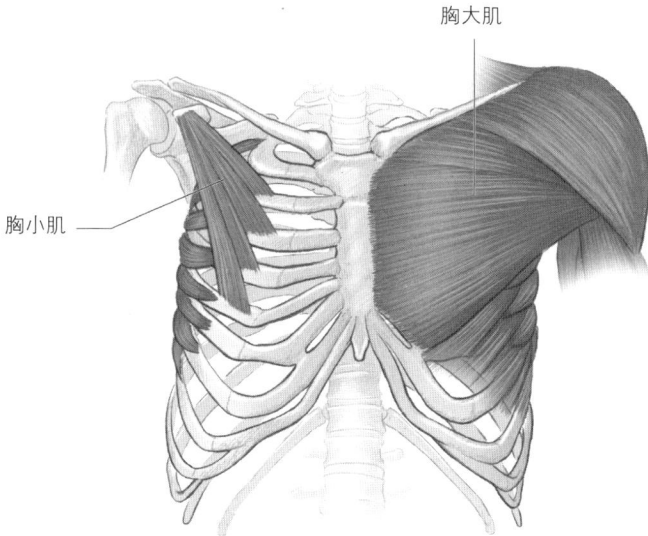

图6.2　胸部肌肉

肩部肌肉

肩部由三部分单独的三角肌——前束、中束和后束以及将双臂同肩关节连接起来的四块肩袖肌组成。三角肌群由三角肌前束（正面）和（中部或上部）三角肌中束构成，以锁骨为起点，位于肩部的前面和顶部。三角肌后束位于肩关节的后面，同肩胛骨相连。三角肌在双臂各个方向伸展动作中都发挥着很大的作用。三角肌前束能让手臂在身前抬起，三角肌中束能让手臂朝两侧向外举起，而三角肌后束能让手臂在身后上举——例如，做双肘靠拢或向后伸动作时。三角肌也能协助肩袖肌做肩部向内和向外旋转。强壮、对称的三角肌有助于降低肩关节损伤的风险（见图6.3）。

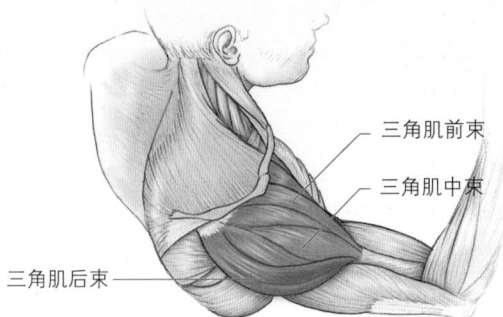

图6.3 肩部肌肉

三角肌前束
三角肌中束
三角肌后束

　　肩袖肌群由冈上肌、冈下肌、小圆肌和肩胛下肌四块鞋带状肌肉组成，通常称作SITS肌群，是各块肌肉英文全称的首字母组合。肩袖肌群负责稳定肩关节和做各个方向的旋转动作，与其他较浅层的肩部肌肉一同作用来稳定关节。肩部的独特之处在于能够非常灵活地移动，但因此也非常不稳定，是导致其容易损伤的原因。所以，当进行包括肩关节在内的运动时，一定要小心谨慎。在这些锻炼中讲解的所有HIIT运动，我们都非常重视对肩关节的保护。因此，你对肩部动作了解得越多，就越有助于这些关节的稳定，也越能降低肩部受到损伤的风险（见图6.4）

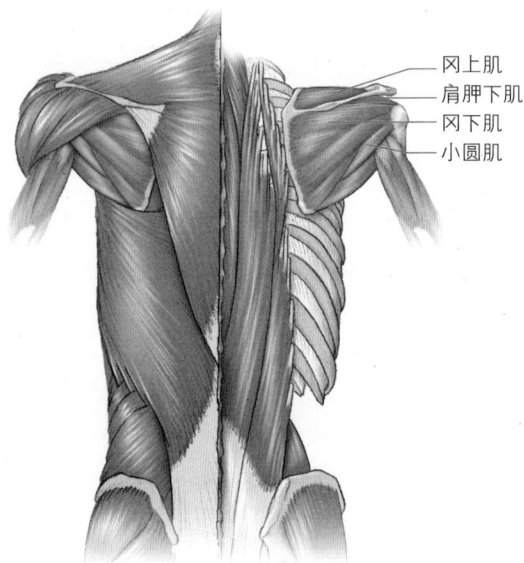

冈上肌
肩胛下肌
冈下肌
小圆肌

图6.4 肩袖肌群

手臂肌肉

手臂上的肌肉包括肱二头肌和肱三头肌。肱二头肌位于上臂的正面，肘部上方，以及前臂靠上，肘部正下方，一直深入前臂。它负责屈肘，帮助手腕稳定并有力抓握。肱二头肌能让肘部弯曲，即双手更加靠近肩部；也能使手腕旋转，朝上或朝下旋转掌心，以及让手部处于中立位置（拇指向上）；还能协助肩部弯曲。

上臂后面的手臂肌肉是肱三头肌。肱三头肌由三块肌肉组成：分别是肱三头肌外侧头、三头肌内侧头和三头肌长头。三头肌外侧头和内侧头的起点都在上臂骨（肱骨）上，而三头肌长头的起点在肩胛骨上。三束肌肉汇聚到一起附着在肘部关节的一个骨上的插入点，称为耻骨。三头肌的主要工作是通过肘部伸展来伸直手臂，也被用于连同胸部肌肉一起进行推举动作或胸部运动，例如胸部推举、俯卧撑和平板支撑（见图6.5）。

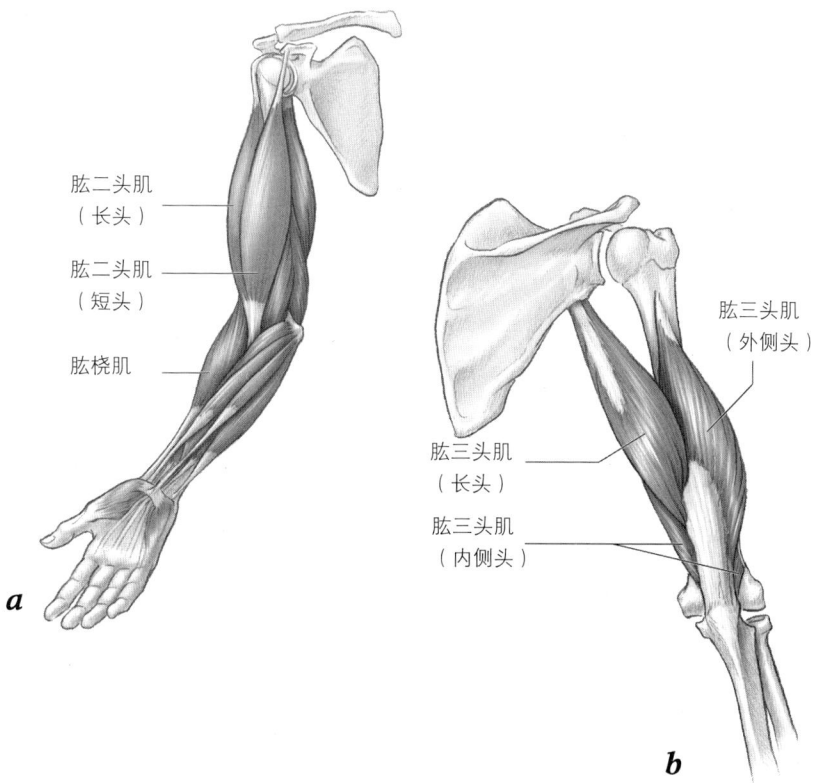

图6.5 手臂肌肉：（a）正面图；（b）背面图

上肢练习基础动作

基础动作是标准化的自重练习，即在特定平面中进行一定活动幅度的关节运动。例如，平板支撑是在矢状平面中进行的一项锻炼上肢和身体核心部位的基础动作。要想正确和安全地做平板支撑，你需要了解它的锻炼目的、会使哪些肌肉感到用力，以及做正确的平板支撑姿势时的感受。

下文讲解了能够被用于HIIT运动中的上肢练习基础动作，包括如何以最基本的水平完成它们，以及一些更多的练习选择。

基础动作 1：平板支撑

平板支撑是一项重要的静力训练，在对上肢及核心部位的力量、姿势和脊柱稳定性方面的评测中非常具有说服力。当动作姿势正确时，平板支撑能够增强背部、胸部、手臂和躯体的耐力、爆发力及力量。直臂平板支撑（双手撑地而非前臂撑地）甚至能够增强手腕、肘部及肩胛带的稳定性，还能起到改善脊柱长度的作用。

除了几乎所有的脊柱伸展姿势运动外，平板支撑还是一切面部朝下（俯卧）手部支撑——或手臂支撑稳定移动的基本动作。正确的站立姿势同弓步动作甚至同样可以被看作是另一种平板支撑，因为无论身体的位置如何，你都在努力做到身体笔直，肩部、髋部、膝盖外部及脚踝呈线性排列。第8章中讲解了将一些身体姿势相结合的运动选择，例如波比、弓步加双膝俯卧撑。在所有这些动作中，平板支撑都是完成动作的基本因素。例如当你身体向下，双膝撑地做俯卧撑时，你必须清楚平板支撑的姿势（注意耳朵、肩部、髋部和膝部）以确保正确的脊柱位置。即使你的双手和脚趾都不接触地面，也仍属于一个平板支撑动作。这正是当进行任何一项动作时，为了做到姿势正确，尤其是脊柱伸展，你必须总是留心平板支撑动作准则的原因，也是关键所在。

练习平板支撑能够提升背部和颈部的力量，而笔直的身体姿势能够帮助强健腹部。这一切都是因为平板支撑包含了模仿笔直姿势的等长肌肉收缩。虽然平板支撑常被认为是一项核心部位练习（的确如此），但它也是一种针对上肢训练的非常有效的运动。人们通常认为在没有指导的情况下就可以做好平板支撑动作，但重要的是明白如何用身体建立起一个适当的平板使自己在锻炼中受益匪浅，并降低受损伤的风险。

基本直臂平板支撑（完全平板支撑）

　　俯卧，身体挺直。双脚分开与髋部同宽，脚尖撑地，双手放于肩部正下方，手指展开，食指指向前方，肘部朝后，如蝗虫的腿（见图**a**）。脚跟向后蹬，使用脚趾和前脚掌支撑，形成杠杆。肱四头肌收缩，大腿肌肉发力将髌骨向上抬起，腹肌收紧。深吸一口气准备，然后当身体推起挺直时呼气，就像俯卧撑动作的完全撑起部分（见图**b**）。这就是平板支撑姿势。在平板支撑姿势中，你应该能够想象从你的耳朵径直向下穿过肩部，到达髋部和膝部，一直到脚踝外侧画一条线。如果这条线是直的，那么你的身体便可能做出了正确的平板支撑姿势。

　　通过仔细查看来精确你的平板支撑姿势，双手位于肩部下方，肩胛骨下拉，颈部拉长，下颌微微内收，头顶向前伸展。在两只手的拇指之间画一条想象的线，让你的胸骨位于这条线的正上方。这样会让你将身体的中心略微前移，使胸部、肩部、双手和双臂承受更多的压力。

基本俯卧撑

双手平放于地面，双臂伸直，肘部微屈，呈平板支撑姿势（见图*a*）。双腿于身后伸直，双脚分开与髋部同宽或略窄。脚尖勾起，前脚掌撑地。你的身体应该位于同一条直线上——从头顶到脚跟。目光垂直向下注视地面，头顶向前伸展。头部端平，身体下落至上臂与地面平行（见图*b*）。稍作停顿，缓慢将身体向上推回至起始姿势，并重复动作。可以单膝撑地或双膝同时撑地进行此动作。

肱三头肌俯卧撑

　　双手平放于地面，双臂伸直，肘部微屈，呈平板支撑姿势，双手位于肩部正下方，相对于基本俯卧撑的双手距离要小，手指展开（见图*a*）。双腿于身后伸直，双脚分开与髋部同宽或略窄。脚尖勾起，前脚掌撑地。你的身体应该位于同一条直线上——从头顶到脚跟。目光垂直向下注视地面，头部端平，身体下落至上臂与地面平行，并夹紧身体两侧（见图*b*）。稍作停顿，缓慢将身体向上推回，并重复动作。当做肱三头肌俯卧撑时，保持双臂与身体两侧贴紧。你可以单膝撑地或双膝撑地，使动作更易于控制。

军事化俯卧撑

双手平放于地面，双臂伸直，肘部微屈，呈平板支撑姿势，双手位于肩部下方，但间距宽于肩部（见图***a***）。手指展开，在俯卧撑动作底部时，前臂与地面形成90度角；在动作顶部时，肘部伸直。头部端平，身体下落至上臂与地面平行（见图***b***）。稍作停顿，缓慢将身体向上推回至起始姿势，并重复动作。

双膝俯卧撑

俯卧，双手位于肩部正下方，手指展开，肘部朝后。双膝弯曲，将双脚上拉，靠近髋部，身体上推呈平板支撑姿势（见图**a**）。身体下落至肘部弯曲，尽量向下，同时保持平稳（见图**b**）。稍作停顿，然后缓慢将身体向上推回至起始姿势，并重复动作。

单膝俯卧撑

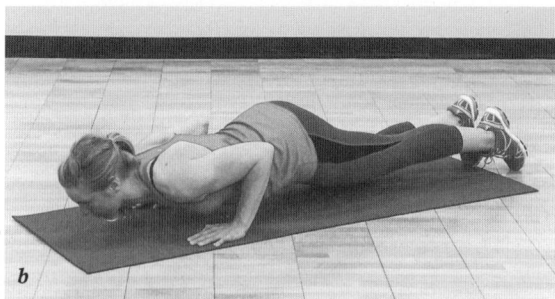

　　俯卧，双手位于肩部正下方，手指展开，肘部朝后。呈平板支撑式。身体同地面大约呈45度角（见图*a*）。单膝撑地，同时身体下落至俯卧撑动作范围底部，一直向下至肘部呈最大限度弯曲（见图*b*）。交替使用双膝以保持左右平衡。

基础动作2：拉和推举

正确的拉和推举动作在日常活动中会对你有很大的帮助。在我们刚研究过的所有平板支撑和俯卧撑动作中你可以看到，恰当的平板支撑直线姿势是能够正确实施与执行任何推举动作的关键，包括使用拉力管进行的站姿动作。拉也是日常生活中一个重要的动作，有助于我们让物体更靠近一些，也有助于我们正确地进行运动。恰当的拉技术能够在锻炼力量举、攀爬和奔跑能力方面取得显著的成果，同样也能提高肌肉的平衡和改善身体的姿势。平板支撑线性排列姿势也是能够正确进行拉伸动作的一个重要部分。

下文中所讲解的运动将拉和推举动作合并到了一起，使用辅助工具进行练习，例如拉力管、哑铃、药球或壶铃。为了达到你所需要的超负荷运动效果，使用健身器材是必需的，从而能让这些上肢运动更加有效。

胸前推

将身体作为支架，用拉力管缠绕住背部，使手柄可以从腋窝下方伸出（见图**a**）。手掌向下，将手柄径直向肩部前方推出，至肘部完全伸展（见图**b**）。稍作停顿，然后屈肘返回，将双手拉回至肩部。

单臂胸前推

　　将身体作为支架，用拉力管缠绕住背部，使手柄可以从腋窝下方伸出（见图 *a*）。手掌向下，单臂径直向肩部前方推出至肘部完全伸展（见图 *b*）。换另一只手臂，重复动作。

飞鸟

　　将身体作为支架，用拉力管缠绕住背部，使手柄可以从腋窝下方伸出。双臂展开（见图*a*）。手掌相对，向外伸展，然后摆过身体中线，沿着轻微的弧度将双手在胸前合拢（见图*b*）；接着还原至起始姿势。

背阔肌下拉

　　手持拉力管，握住手柄，将拉力管缠绕在双手或手腕上使其变短，做成一根恰当的拉力绳。将拉力管举过头顶，但稍稍位于身体前方，双臂轻拉分开，肘部伸直（见图*a*）。拉紧拉力管，头部挺直，脊柱拉长；在身前将拉力管向下拉至胸部高度。注意将双肘向下拉，拉至身体两侧（见图*b*）。拉紧拉力管在胸部稍作停顿，然后抬起双手，回到头部上方，保持肘部伸直。

单臂高拉

　　手持拉力管，握住手柄，将拉力管缠绕在双手或手腕上使其变短，做成一根恰当的拉力绳。将拉力管举过头顶，但稍稍位于身体前方，双臂轻拉分开，肘部伸直（见图*a*）。保持头部挺直，脊柱拉长，每次单臂下拉拉力管（见图*b*）。握住拉力管在胸部稍作停顿，然后抬起手臂，回到头部上方，肘部伸展。再换另一侧手臂，重复动作。

俯身划船

双脚前后分腿姿势站立，一只脚在前面，双膝微屈。身体前倾，呈屈髋姿势，脊柱拉长，双手各握一只哑铃（见图*a*）。双臂应垂直向下并紧靠身体，手掌相对，将两个哑铃同时上举至胸部两侧（见图*b*）。肘部应该在身后径直向上抬起。在动作顶部稍作停顿，然后缓慢放下哑铃，双臂再次伸直。

单臂俯身划船

　　双脚前后分腿姿势站立，一只脚在前面，双膝微屈。身体前倾，呈屈髋姿势，脊柱拉长，单手握一只哑铃（见图*a*）。双臂应垂直向下，手掌相对。保持手臂紧靠身体，将哑铃上举至胸侧（见图*b*）。肘部应该在身后径直向上抬起。在动作顶部稍作停顿，然后缓慢放下哑铃，手臂再次伸直。

坐姿划船

  背部靠墙或挺直坐于地面，可以弯曲膝盖，使脊柱完全拉长伸展。双臂伸直，拉力管紧紧地缠绕双脚底部，双手握住把手，掌心相对（见图*a*）。将双手拉向身体，肩胛骨收拢，背部绷紧，同时保持挺直姿势至双臂靠近胸侧（见图*b*）。稍作停顿，然后回到起始姿势。

肩上推举

　　双脚分开站立，与肩同宽（或根据自身平稳需要略宽于肩部），双手各握一只哑铃。将哑铃举起，刚好位于肩部上方、耳朵两侧，肘部朝下，手掌向前（见图**a**）。缓慢将哑铃向上推，越过头部，双手稍稍位于头部前方（见图**b**）。当做上推动作时，保持脊柱笔直伸长，放下哑铃至肩部。

推举

　　双手各握一只哑铃站立（见图*a*）。肘部弯曲，朝下指向地面。下蹲并继续将哑铃拉近身体（见图*b*）。然后双脚脚尖点地，快速起身向上挺直，同时将双臂向上推举过头顶（见图*c*）。放下哑铃至肩部，重回到下蹲姿势。注意，要保持前臂紧贴身体两侧。

哑铃直立划船

身体挺直，双脚分开站立，与肩同宽，双手各握一只哑铃。双臂垂于身前，使哑铃放于大腿前方，手掌朝后（见图**a**）。缓慢将哑铃朝着下颌上拉，肘部外指身体两侧（见图**b**）。双手仅抬到肩部高度，并尽量保持手腕和肘部在同一高度。在动作顶部稍作停顿，注意保持颈部拉长，肩部下沉，远离耳朵。然后放下哑铃，回到起始姿势。

拉力管直立划船

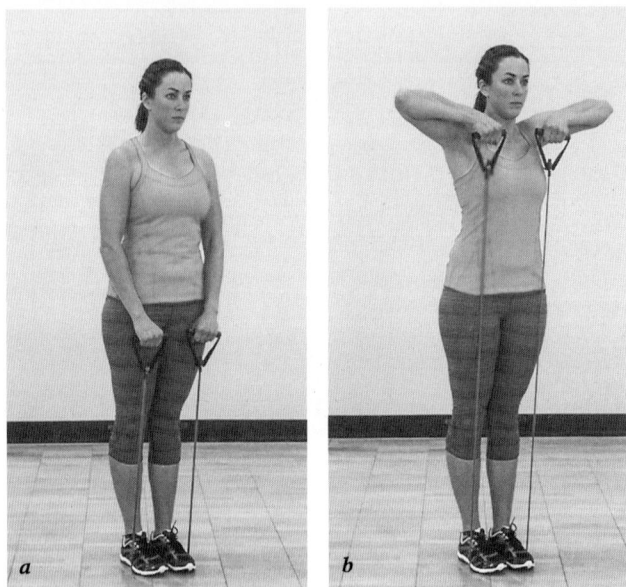

a   *b*

    双脚踩住长长的拉力管。确定拉力管牢固,双手各握一只手柄,位于身前,手掌朝后,拉紧拉力管(见图*a*)。双手向下颌上拉,双肘外指身体两侧,将手柄拉至肩部高度(见图*b*)。保持颈部拉长,下颌与地面平行。在动作顶部稍作停顿,然后缓慢放下手柄,回到起始姿势。

哑铃侧平举

　　双脚分开站立，与肩同宽，双手各握一只哑铃。双臂在身体两侧下垂，手掌相对（见图**a**）。保持双臂伸直，缓慢向上抬起双臂，至双臂与地面平行，看起来就像一个字母T（见图**b**）。在动作顶部稍作停顿，然后有控制地缓慢放下哑铃，回到身体两侧。

拉力管侧平举

呈前后分腿站立姿势，右脚在左脚前，将拉力管用右脚固定住，双手均摊阻力。双臂垂于身体两侧，稍微靠前，手掌相对（见图*a*）。有控制地将手掌朝着身体外侧向上拉至肩部高度，保持双臂伸直（见图*b*）。在动作顶部稍作停顿，然后有控制地缓慢放下双手至身体两侧。

肱二头肌屈臂

　　双手各握一只哑铃站立，双臂在身体两侧下垂，手掌朝前（见图***a***）。保持脊柱拉长，缓慢屈臂，将哑铃朝着肩部向上拉起（见图***b***）。上拉至手掌靠近肩部前方停止，缓慢放下哑铃。这项练习可以使用拉力管、壶铃或任何一种能够抓握的负重器材。

单臂肱二头肌屈臂

　　双手各握一只哑铃站立，双臂在身体两侧下垂，手掌朝前（见图*a*）。保持脊柱拉长，单臂缓慢弯曲，朝着肩部向上拉起（见图*b*）。上拉至手掌靠近肩部前方停止，缓慢放下哑铃，然后换另一侧手臂重复练习。这项练习可以使用拉力管、壶铃或任何一种能够抓握的负重器材。

肱三头肌后屈伸

　　呈双脚前后分腿姿势站立（左脚在前，右脚在后），右手握一只哑铃。前脚脚尖向前，后脚脚尖与前脚大约呈45度角。左手扶住左腿大腿部，身体朝这一侧稍稍倾斜，同时弯曲右肘，将哑铃拉至肩部（见图*a*）。右肘向后伸展，至肘关节完全伸展（见图*b*）。稍作停顿，然后还原至开始姿势。在规定的时间内进行练习，然后换腿和手重复动作。

俯跪姿肱三头肌后屈伸

以四肢着地（双手和双膝支地）姿势开始，左腿向后伸展，用脚尖撑地。尽量保持身体拉长，用力挺直。右手握哑铃向肩部靠拢，屈肘与身体一侧齐平（见图**a**）。右肘展开，在身后用力上举至手臂完全伸展，但保持上臂紧靠身体一侧（见图**b**）。稍作停顿，然后回到开始姿势。为了提高难度，可将左腿伸展抬起，使左脚同髋部同高，利用臀肌控制住左腿使之稳定。按照规定的练习时间，进行交换腿和手练习。

　　虽然以上列出了一些相对基础的练习动作，但其变化性、时间范围以及两次练习之间的恢复都将在第8~10章给出综合的讲解，使大家在让身体得到锻炼的同时，也能保持身体状态的平衡。先掌握基础动作，然后增加新的练习内容能够使身体在锻炼中提高超负荷的承受能力，甚至获得更好的训练效果。当下肢、上肢和核心部位运动相结合练习时（第8章内容），这些动作能够提供全身运动练习实例和方法，帮助你避免出现运动瓶颈，进而实现完美的练习效果。

　　最好先练习大块肌肉群，然后练习较小的肌肉群。例如，许多上肢间歇运动都是先开始锻炼背部和胸部肌肉，然后锻炼二头肌和三头肌。如果你让小块肌肉过快地感到疲劳，那么它们到时也将没有能力发挥作用（在较大肌肉群活动时，小块肌肉负责使关节稳定）。如此一来便会引发早期疲劳，不能使较大肌肉群在练习中用尽全力，健身水平也就不能按照预期得以提高。

　　第7章对之前章节中的练习动作进行了归纳总结，给出了一些最有效的自重和器材辅助实用核心部位练习。当你能够将下肢、上肢以及核心部位运动结合起来，融合进自己的HIIT安排时，你会开始看到自己正在追求的结果。

核心部位运动

　　本章将带你完成HIIT运动最后一个系列的练习动作，主要锻炼核心部位重点和强壮肌肉。核心训练一词经常被认为是腹部训练的同义词，而且当谈论起某人拥有结实健硕、轮廓分明的腹部肌肉（也称为强大的六块腹肌）时常常被提及。不过，核心训练的内容远不止锻炼腹肌。此外，一些人通过在各式各样的健身器材上做各种复杂的平衡运动来努力锻炼身体的核心部位。而实际上，核心训练的意义远比六块腹肌训练或平衡训练多得多。核心肌肉的确包括腹肌，还包括臀肌和躯干正面与背面的肌肉，身体的平衡性也归功于良好的核心控制。

　　大家通常以为核心肌肉开始于锁骨处，一直延伸到大腿的中部。实际上，每一块穿过骨盆的肌肉以及全部附着在脊柱上的肌肉都被认为是核心肌肉——总共有30多块。而且由于核心肌肉同腿部、肩部和手臂相连，因此它们肩负着支撑整个身体的重担。如果核心肌肉不够发达，不够强壮，不能同其他肌肉和关节一起全面地发挥作用，那么支撑全身的重担将落到骨骼、关节和皮肤上。所以你看得出核心部位在做任何类型的活动中都是支撑身体重量的必要条件，包括站立、坐下、走路、跑步以及各种练习动作。

更多关于核心部位的信息

　　核心部位指的是你的重心所在，通常就是肚脐以下。核心部位的肌肉结构在直立、走路和跑步姿势中能够进行最有效的运作。核心肌肉尽量保持躯体稳定时（包括胸椎和胸腔），能够应对身体的重力和地面反作用力，且同骨盆或髋部的移动是相对的。核心肌肉于臀部产生和发力，将能量转移到手臂和双腿，使其有了运动功能。这便是采用仰卧起坐的方式来打造腹肌可能会对功能性的核心训练产生危害的原因之一。

　　这并不是说仰卧起坐在HIIT计划中没有用处，而只是能够创建强壮有力、功能稳定的核心部位锻炼的一种方式。核心肌肉的主要用途是限制和控制多维旋转动作。（转下页）

┌─ 更多关于核心部位的信息（接上页）─────────────────────────┐

在运动中，应努力控制脊柱稳定，像缠着绷带或穿着塑身衣般锻炼核心部位。当核心部位处于这种状态中，就有助于身体的平稳和挺拔。因为需要巨大的努力、能量和专注力，所以核心训练需要非常具体、准确且有条理。

直立姿势对于核心部位有着强大影响力的事实对进行HIIT训练的人们来说是极棒的消息——本书中的许多HIIT运动都是身体直立进行的。因此即便你在做主要能够产生氧债，带你穿越无氧阈值的下肢运动（例如，跳、蹲和弓步），也同许多上肢运动（例如，平板支撑和俯卧撑）一样，都能锻炼核心部位。书中的训练安排都融入了核心练习，从而创建了全身HIIT的体验。

└───┘

核心肌肉

核心部位的主要肌肉是躯体正面的腹横肌，腹内斜肌和腹外斜肌，以及腹直肌；背部的竖脊肌（属于上肢训练范畴，但也是核心部位的一部分）；还有髋部的髂腰肌、臀大肌、臀中肌和臀小肌（见图7.1）。

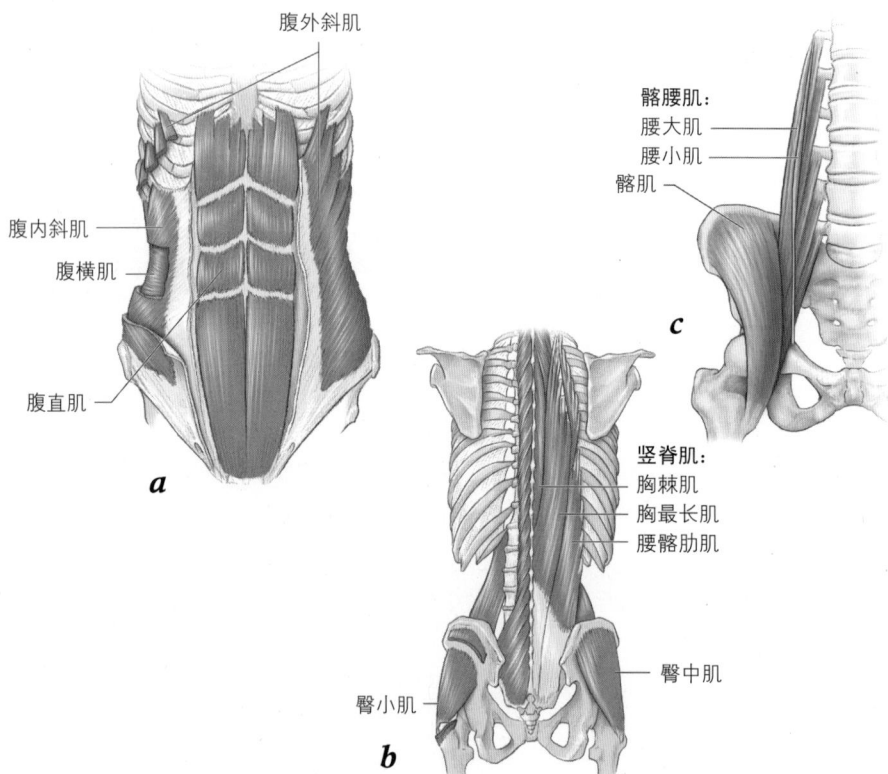

图7.1 核心肌肉：（a）正面图；（b）背面图；（c）髋部

前部核心肌肉

腹横肌是前部核心肌肉中最深层的肌肉，可以被认为对核心力量作用最大。它起着塑身衣的作用，能固定躯体组成，并将力量在下肢和上肢之间转移。这部分肌肉也被称作TVA，不能收缩。这就意味着它实际上不能像肱二头肌那样缩短和伸长。然而，TVA主要对呼吸有反应，当你呼气时，会等张收缩。深吸一口气，然后有控制地呼气，就像正在吹气球。你应当能感觉到深层腹肌的活动，当你有控制地呼气时，正是你的TVA在收缩。在深度有控制的呼吸过程中，它们能够被最有效激活。在练习中吸气和有控制的呼气的确能够提高这部分肌肉的发展。

腹斜肌被分成内斜肌和外斜肌两部分（每种有两块）。内外斜肌成对地长在腰部两侧，斜穿上腹部。这些肌肉位于躯体两侧稍偏的地方，不知不觉中一直延伸到胸腔。它们负责脊柱的运动，包括旋转、侧屈或侧弯。

腹直肌是前部核心肌肉中最浅层的肌肉，位于其他腹部肌肉的上方。这种肌肉通常被叫作六块肌，起点位于胸腔中间的胸骨上，附着于耻骨。通常被描述成上腹部肌肉和下腹部肌肉的腹直肌，实际上只是一块躯体前部从上到下生长的一种长条状肌肉。对于将它误解成两块肌肉（上部和下部）的观点源于生成六块肌后所呈现的肌腱插入的外观。

核心训练的多样性

正如书中前面提到的，肌肉对压力的适应性很快，通常只要6~8次练习就能调整适应一项特定的运动。你不但需要进行各种各样的核心练习才能帮助你的身体维持一种渐进式超载状态，还要持续将动作完美化以及增强力量和稳定性作为核心训练的一部分。

核心训练不同于许多其他类型的训练，包括精细动作，需要你反复地练习才能掌握。这正是有如此多的核心部位运动看起来相似的原因。然而，在身体姿势上稍作变化，尤其是身体的重心变化及旋转控制方法的变化，就能够让核心部位运动变得比较复杂。核心训练的多样性不仅可以通过将手、手臂、腿和脚的动作相结合来实现，也可以通过身体姿势的改变来完成，例如仰卧、侧卧、俯卧和坐姿。这些姿势都需要非常具体的肌肉参与和特定的姿势控制与技术。

本章中所讲解的运动给出了练习时精确的细节说明。请记住，动作的质量远比动作的重复次数重要。当进行HIIT练习中的核心训练部分时，"做得更好才能变得更好"这句座右铭比任何一句话都更有说服力。为了理解核心训练，我们研究了组成核心部位的肌肉，它们的位置、作用以及如何从功能性、脊柱支撑、较好的日常活动以及运动能力方面锻炼它们，并最终使其看起来很棒。

事实是，在做胸腔靠拢骨盆的运动时，例如仰卧起坐是腹直肌的上方发起的动作。在做骨盆向胸腔靠拢的运动时（如本章后面讲解的鹰状盘腿反向卷腹动作），就是腹直肌的底部发起的动作。由于这种动作的划分，人们常常将其单独地看成锻炼上腹部或下腹部。但实际上，整个腹部肌肉都在燃烧。

后部核心肌肉

在第6章提到的上肢肌肉中已经讨论过竖脊肌，它也是核心部位的一部分。其起点位于颅骨的底部，能够让脊柱弯曲后伸直，身体前俯后站直。竖脊肌也能使脊柱伸展或弓背，因此它们对身体的稳定和保持恰当的直立姿势起着非常重要的作用。

髋部肌肉

髂腰肌也被称作屈髋肌，实际上分为两块肌肉：髂肌和腰大肌。它们位于大腿正面的顶部，双腿同躯体相连的地方。这些肌肉与肱四头肌协同作用，能够使髋关节弯曲，双腿上提。它们附着在腿的顶部，一直穿过骨盆，连接着下背部。由于我们的坐姿比走路或站姿更多，所以这些肌肉会变紧，并将下背部向下拉，常常会引起下背部疼痛。髂腰肌需要持续的伸展和力量运动才能被拉长，从而减缓下背部的疼痛感，并有助于髋部和在双腿前方进行灵活的运动。通过活动范围更广阔的运动，髂腰肌能够让锻炼结果更加有效。例如，跑步时步子大一些，双膝抬高一些可以令跑步发挥出更好的运动性能，长期如此就能够消耗更大量的卡路里。

臀大肌是下肢肌肉群中最大的一块肌肉，也是重要的核心肌肉。尽管在第5章中讨论过，但仍值得在讲解核心肌肉部分再次提及，因为它对核心力量的发展发挥着重要的作用。臀大肌在任何身体向前移动的动作中都起着极其重要的作用，也是发展良好体态的关键，并且是强壮核心部位的基础。使用不当或使用过量都会导致臀大肌功能减弱（例如，久坐）。为了增强心肺功能、下肢力量、核心力量以及稳定性，如果在臀大肌的健身计划中没能采用多维平面的动作，那么其锻炼结果通常只会微乎其微，收效不大。

相对于较浅层的臀大肌，臀中肌和臀小肌要位于身体的更深层。臀中肌位于髋部的两侧；臀小肌在髋部的较深处。它们都对臀部整体活动以及腿部外旋，侧抬和侧迈步动作起着重要作用。

核心训练健康安全指南

核心部位运动的选择将作为HIIT练习的一个部分在第8章到第10章的内容中讲述。在进行HIIT练习中的核心部位运动时，你需要牢记一些练习指南。

质量优先于数量

将平板支撑作为基础动作学习对于你能够在每次练习中做出高质量的平板支撑、俯卧撑或前臂平板支撑动作是十分重要的。实际上，正确的平板支撑姿势对于书中所讲到的所有练习动作来说是反映其姿势是否正确的标准。如果保持高质量的平板支撑动作太过困难，那么就将动作简化（用你的前臂支撑，或在前臂平板支撑或俯卧撑动作中单膝或双膝撑地）直到你准备充分可以做高质量的平板支撑或俯卧撑动作。采用简化动作并不意味着你不够努力，只能说明你坚持质量优先原则。

听从你的身体

一定要尊重你的身体；如果你感到任何关节疼痛，那么立刻停止练习；同时，避免在练习中使用双手或手腕支撑身体重量太久。在做平板支撑和其相关动作时，长时间或多次重复使用单一关节支撑身体重量会使手腕、肘部和肩关节承受太大的压力。在一次练习中，做平板支撑的次数不要多于四个回合，相当于40~60秒，因为会对关节产生巨大的压力。

一定要听从你的身体。如果你在做平板支撑或俯卧撑时开始感觉疼痛，或超时变换手腕或肩部，那么请停止练习，给你的身体一个自我恢复的机会。请记住，如果肌肉不能变得更强壮，那么被其包围的关节也不会变得更有力。因此如果你正在进行力量锻炼，但在做特定的动作时关节会感觉疼痛，这就是一个明确的信号，说明你需要停止这个动作，而要重点加强该关节四周肌肉力量的锻炼，这样才能支撑关节完成动作。

注意血压的变化

某些运动由于身体姿势的快速改变会引起血压急剧变化。这种情况被称作体位性低血压，会导致脑部或工作肌供血不足。例如，从平板支撑到蹲跳，动作太快可能导致站不稳，头晕目眩，甚至可能摔倒，尤其当以高强度水平进行这些运动时。同样，当清晨运动时，低血糖也会引发头晕目眩。为了避免这种情况的发生，应在锻炼前的至少两个小时以内吃一些易于消化的碳水化合物和蛋白食品。如果在清晨进行锻炼，那么推荐在运动前的30分钟吃易于消化的碳水化合物和蛋白质的组合食品（希腊酸奶），这样能在锻炼中发挥出最大的能量和水平。

核心部位基础练习动作

基础动作是标准化的自重练习，以能够做运动并进行日常活动为基础。例如，平板支撑是在矢状面中进行的一项锻炼核心部位（以及上肢）的基础动作。要想正确安全地做平板支撑，你需要理解它的锻炼目的、会使哪些肌肉感到紧绷，以及做正确的平板支撑姿势时的感受。

下文讲解了能够被用于HIIT运动中的核心部位练习基础动作，包括如何以最基本的水平完成它们，以及一些能够提高练习强度的更多选择。

基础动作1：平板支撑

平板支撑通常是核心训练的代名词，在锻炼核心部位时，甚至让取代了仰卧起坐的卷腹练习黯然失色。平板支撑是以俯卧姿势进行的，动作中肌肉保持等长收缩。正如在第6章关于上肢训练中描述的，平板支撑动作所需做的是要么用前臂（肘部）和脚趾或前脚支撑身体重量，要么仅用双手和脚趾或前脚支撑身体重量来保持稳定的姿势，有时将动作保持更长的时间。平板支撑是一种重要的静力姿势，在对核心力量的发展、端正体态以及提高脊柱稳定性方面都能起到非常强大的作用。正如第6章中提到的，平板支撑也有助于上肢力量的发展。做平板支撑动作需要保持脊柱不动，这正是为了更好地加强核心部位稳定性。使用第6章中的说明做出正确的平板支撑动作，让我们按照这些说明来进行俯身核心部位练习，并在基本平板支撑动作的基础上添加一些选择性动作吧。

平板支撑

双手平放于地面开始，双臂紧贴身体两侧，手指展开位于肩部下方，肘部弯曲，指向背后（见图**a**）。双腿应向后伸直，双脚分开与髋部同宽。收缩腹部肌肉，绷紧四头肌和臀部肌肉，呼气时身体上抬，脚趾撑地，使前脚掌与地面接触，脚跟向上（见图**b**）。你的身体应位于一条直线上——从头顶到脚跟，双手和双脚平摊身体重量，身体中间（下背部或腹部）不松垮。双眼向下直视地面，保持头部举起，头顶向前，颈部中立。

触肩平板支撑

从俯卧平板支撑姿势开始（见图*a*），单手上提至对侧肩部，手指轻触肩关节（见图*b*）。将手放回地面，再次回到平板支撑姿势，换另一只手重复触肩动作。连续进行反向换手触肩练习，同时保持核心部位稳定；当做触肩动作时，努力不让身体左右摇摆。如果在触肩过程中难以保持髋部不动，那么请将双脚间距加大以使身体更加稳定。

前臂平板支撑

俯卧，双脚分开与髋部同宽，肘部置于肩部正下方，前臂伸展，双手轻轻握拳或手指展开，并平放于地面（见图*a*）。当身体抬起时，双肩下拉远离颈部，将全身抬离地面（见图*b*）。双脚脚趾和前臂平摊身体重量，髋部不要向上顶起。保持双手分开（而不是紧握在一起支撑），且双肘位于身体的地面投影内，彼此平行。收紧前部核心肌肉，使腹壁内收，身体抬起时完全拉长，呈一条直线，不松垮。另外，保持脚跟直立向上。

前臂侧身平板支撑

身体呈左侧卧姿势，双腿从髋部伸展成一条直线（将你的身体想象成一片掉进了烤面包器中的面包片）。左侧肘部弯曲，左侧前臂位于肩关节正下方，左手从手腕处向前伸。双脚一前一后——上腿位于下腿的前面，前脚脚跟触到后脚脚尖，并与之对齐（见图*a*）。右手放于髋部上，手臂抬起，用位于地面上的左侧前臂和双脚侧面支撑身体重量，保持身体挺直（见图*b*）。保持身体抬起姿势，然后落下。

平板支撑到顶峰式

从平板支撑姿势开始（见图**a**），将身体重量上移，做最大屈髋动作，形成髋部倒V字（见图**b**）。想象着将髋部朝向天花板提起，双腿保持伸直，脊柱拉长。尽量将头部保持在上臂之间，同时维持倒V字姿势。腹壁收紧，有控制地落回到平板支撑姿势。身体姿势从俯卧平板支撑到顶峰式来回变换。当然你也可以将完全平板支撑换成前臂平板支撑。

前臂侧身平板支撑加伸手

　　身体呈左侧卧姿势，双腿向一侧伸展，左侧肘部弯曲，位于肩关节正下方。双脚一前一后，上腿在前，前脚径直放于后脚前面（见图*a*）。确保髋部立起，右手放于髋部右侧，提起髋部成侧身平板支撑（见图*b*）。右手朝向天花板上举（见图*c*），然后放回到髋部上。接着将髋部落回到地面，还原至开始姿势。按照重复动作的次数要求进行重复练习，然后换另一侧练习。

泳姿支撑

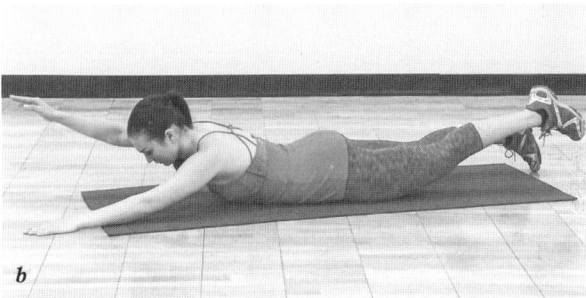

俯卧，双臂分开与肩同宽，在头部上方伸展，双腿向后伸，分开大约同髋部宽度（见图*a*）。腹壁内收，保持身体稳定。右臂离地上举大约3英尺（8厘米）高，同时上抬左腿（大腿、膝部和脚）3~5英尺（8~15厘米）高（见图*b*）。控制动作节奏，连续交换上抬反方向手臂和腿。保持手臂伸直，腿部延长拉紧，并有控制地下落。从肩部和上背部开始将上肢抬起，从臀肌开始将下肢抬起。

后弓步波比

呈站立姿势，双臂举过头顶（见图*a*）。然后落至地面，正好位于双脚前面，依次向后迈一只脚，形成平板支撑姿势（见图*b*和图*c*）。保持此姿势片刻，然后双脚轮流收回，回到站立姿势，手臂过顶上举，再重复动作。

基础动作2：仰卧核心训练

我们现在将要介绍的是一些仰卧或面朝上的核心部位运动，包括卷腹、V字坐和桥式，外加一个站姿练习（称作伐木式，其动作模式与V字坐相似，但以站姿进行）。这些练习动作在身体姿势方面不同于平板支撑动作，因为身体的核心部位要进行脊柱弯曲和转体的联合动作。然而，你仍能将从平板支撑中学到的控制和训练技术应用到这些练习中需要保持脊柱拉长伸展的地方。

V字坐的动作有许多变化形式（使用药球或增加转体），应按照最适合自己身体的方式进行练习。

V字坐

屈髋坐于地面，屈膝，双脚分开，大约与髋部同宽。身体后倾，但保持躯体和脊柱挺直，肩部下沉远离颈部。双臂伸出，大约与肩同宽，肘部拉长，手指向前伸。保持V字坐姿（见图）。当身体保持平稳时，将双脚抬离地面3~6英尺（8~15厘米）高。为了增加动作难度，你可以将双膝展开，双腿伸直，保持身体挺直，用躯体和双腿形成一个V字。

V字坐转体

　　开始呈坐姿，髋部弯曲，双膝弯曲，如V字坐中描述的姿势，但脚跟轻触地面。双手交叉，十指紧握位于胸前，双肘弯曲位于身体两侧（见图**a**）。当转体时，保持脚跟位于原地，脊柱笔直，用右肘触碰地面（见图**b**）；身体转回至中间部位，然后向左转，使左肘触碰地面。左右两侧交换转体，保持身体挺直，缓慢而有控制地移动。手握药球或哑铃进行练习，能够让动作更有挑战性。

伐木式

开始呈站立姿势，双手合十握紧位于右肩正前方（见图*a*）。双肘分开，微微朝外。双脚分开，宽于髋部，屈膝，身体后坐，呈下蹲姿势（见图*b*）。双手保持握紧，下落至左膝外侧。当你做砍伐动作时，一定要保持身体低位蹲，尽管你可能会发现躯体稍微弯曲，但尽量保持脊柱挺直，躯体肌肉紧绷结实。站起时，快速将双手抬回至右肩处，连续做这个砍伐动作，收紧腹部，排除任何不必要的身体动作。按照规定的重复次数完成右侧练习，然后换左侧进行练习。可以增加一个蹲跳或手持药球进行练习，以增强这项练习的挑战性。

鹰式盘腿反向卷腹

a

b

　　仰卧，将左膝拉向胸部。右腿抬起盘于左膝上，右脚勾住左腿下方（见图 ***a***）。这是盘腿姿势。当双腿紧紧盘在一起时，上方膝盖将与额头位于同一条直线上。指尖扶住脑后，同时肩部抬离地面，呈卷腹姿势（见图 ***b***）。每次卷腹时，注意尽量将腿部拉近额头。右腿盘于左腿上进行一组练习，然后左腿盘于右腿上再进行另一组练习。

半蹬单车卷腹

　　仰卧，将左膝拉向胸部，并伸展右腿，使左脚同伸直的右腿膝部对齐（见图 **a**）。双手指尖轻放于耳后，位于颅骨底部，肘部朝外。向身体中心屈体，用左臂肘部触碰右膝（见图 **b**）。肩部和头部落到地面，伸直右腿，同时将左膝拉向胸部。连续交换动作——右膝上拉与左臂肘部触碰，然后左膝上拉，同时将上肢落至地面。双腿交替进行。只做右膝触碰左臂肘部，进行向右侧卷腹半蹬单车动作，但每次需完成腿部转换。用左膝触碰右臂肘部，进行向左侧卷腹半蹬单车动作，重复练习。

完整单车卷腹

　　仰卧，将双膝拉向胸部（见图**a**）。双手指尖轻放于耳后，位于颅骨底部，肘部朝外。向身体中心屈体，用左臂肘部触碰右膝，伸展左腿（见图**b**）；然后将左膝拉向胸部，用右臂肘部触碰左膝，伸展右腿。双腿交替进行，与半蹬单车卷腹动作中所描述的一样。连续交换动作——右膝上拉与左臂肘部触碰，然后左膝上拉与右臂肘部触碰。继续交换练习，将右臂肘部拉向左膝，左臂肘部向右膝。准确地做到脚和膝盖接触，以使前部核心部位和腹部更加紧绷。

桥式

　　仰卧，双脚分开与髋部同宽，头部和肩部放松。手臂放于地面向脚跟伸展出去，手掌朝上（见图 *a*），这将引导你使双脚的放置位置同身体的长度相对应。尽量抬高你的髋部，当髋部上提时，臀部要收紧。保持肩部和颈部放松，下颌内收（见图 *b*）。在动作的顶部稍作停顿，然后身体下落至地面，重复练习。

单腿桥式

　　仰卧，双脚分开与髋部同宽，头部和肩部放松。手臂放于地面向脚跟伸展出去，这将引导你使双脚的放置位置同身体的长度相对应。右脚居中，左腿上抬伸展，保持其离地高抬，但尽量让双膝彼此平行（见图**a**）。保持伸展腿的大腿部紧绷，同时尽量高地将髋部上抬（见图**b**）。收紧臀部并上推髋部，然后落下，但伸展腿保持上抬，接着重复髋部上提动作。按规定时间完成动作，然后换腿练习。

　　第8章中将上肢、下肢以及核心部位运动在锻炼中相结合，可以帮你为每次锻炼创建完美的练习组合。各种练习被组成了一份选项单，并进一步分成了极限间歇训练、混合间歇训练和难度递增间歇训练三个类别。这将允许你根据身体重点锻炼部位，可用健身器材，运动强度以及可行的锻炼时长来轻松选择练习项目。根据你特定的需求，第8章也给出了相应练习的进阶方式和退阶方式，或者说是能够提高或降低练习强度的可行技术和策略。

　　在第8章中，我们也研究了哪种运动能够直接产生HIIT要素，为什么某些练习结合起来的效果优于其他练习，以及如何使用策略和计划才能以最高质量的动作完成每次锻炼。只有全身心地投入到你的锻炼中，才能达到你一直期望的效果。

选择你的练习

我们已经对能够被用到HIIT锻炼中的许多练习进行了全面的讲解，现在让我们一同了解如何将它们结合起来创建出为你量身定做的锻炼计划从而达成你的HIIT计划目标。我们首先讨论从一开始就创建高强度练习，接下来的练习顺序按照极限间歇训练、混合间歇Tabata序列训练以及难度递增序列训练进行分类说明。每一个练习清单都遵照时间框架组成，有着精确的训练重点，并包含了上肢、下肢以及核心部位的练习动作，外加健身器材选项。练习选项和运动模式被分组列出，使你可以轻松地选择互相补充的练习内容，并保证了练习强度和有效性，最重要的是安全性。虽然这些练习能够很快达到一定强度，但我们所关注的一直都是运动表现，而不是简单的疲劳感。

一定要记住动作的质量远远比数量重要。这一章也会讲解如何让每一个动作都有的放矢，值得强调的是任何健康水平的人们都能够成功地运用这些训练技巧。

创造即时 HIIT

由于HIIT锻炼涉及的动作历时短，强度高且瞬间爆发，接着进行较短时间的主动恢复或被动恢复，因此去选择能够让你即时感到运动强度和效果的动作是至关重要的。练习需要在短历时的动作中产生越来越强的疲劳感。即使运动时间可能只有2~4分钟长，但它们应该是你所能做到的难度最大的2~4分钟训练！所以，随着训练量的提高，你的锻炼成果也会增大。要实现这一点，就需要很好地了解何种运动能够创造即时高强度成效以及追求怎样的动作质量。

尽管除了这里提到的练习之外，还有数百种选择，但本章通过描述HIIT练习应兼顾的动作质量，使选择过程得到简化。让我们花些时间来回顾一下第3章中的两种间歇训练模式（Tabata和难度递增间歇训练）。

如第3章所述，极限间歇训练是采用一种动作，按照最高强度，尽全力完成的一项4分钟Tabata间歇训练。难度递增间歇训练包括3轮按下列时限进行的练习：40秒运动接20秒休息、30秒运动接15秒休息、20秒运动之后只休息10秒。因此混合及极限间歇训练包括8组动作，而难度递增间歇训练包括3组动作。训练的强度如此高，让你在一次锻炼中没有能力完成多于一次的极限间歇训练。如果你有能力，可以考虑使用第9章中的进阶练习来增加运动强度。

你可能还记得，极限间歇训练是将一项练习以极高强度做20秒（例如，大约摄氧量为170%），然后接10秒休息。如此重复练习4分钟，共进行8轮或8个循环。极限间歇训练表示你能做的最大强度运动或最难Tabata方案。这种方法会将你的体力耗尽，同时穿越无氧阈值，并变得极其疲劳，呼吸困难。在HIIT计划中，极限间歇训练主要被用于锻炼肌肉力量和无氧运动中。要想达到极限间歇训练的质量要求，所进行的练习应该满足以下标准。

动作简单

用于进行剧烈的极限间歇运动的接连动作必须易于学习，要记住有时少即是多。动作形式的复杂度越低，运动过程中出现混乱的状况就越少；而且简单、剧烈的练习更容易进阶和退阶，动作的控制也可以更难或更轻松，同时还会耗尽你的体力。

主要肌肉和混合运动

运动形式应为三重屈曲。这指的是发生在踝、膝和髋部的接连动作或活动。通常当这些关节同时活动时，运动简单而有力，身体的最大部分肌肉也可能会参与其中。当踝、膝和髋部同时工作，它们就能创建需要极大能量的剧烈的混合运动，从而让你感到呼吸困难。

范围更大，动作更慢，效果更好

更大的动作范围，移动速度更慢会让你获得更好的锻炼效果。有时低速有控制的动作却需要更多的能量，因此当你努力朝着力竭的方向锻炼时，需考虑动作的速度和范围。

一般的规则是：缓慢地做力量动作难度更大，而快速的有氧运动挑战更大。例如，做肘部驱动深蹲跳，在姿势和技巧完美的情况下，如果动作更慢一些，控制充分，则能够增强更多的力量。只要你能控制动作，就可以利用速度达到更高无氧运动强度。

即时HIIT要素

选择用于极限间歇训练的运动必须能够立刻产生疲劳感。这并不是要求在第一次或第二次重复动作就达到，或者是第一组及第二组动作就让你感到呼吸困难，但在第二组或第三组动作的过程中，你会发现练习变得有难度了，你需要费些力气才能穿越你的无氧阈值，不然的话就是几乎接近或即将穿越。如果没有出现这种情况，就说明要么没有尽全力，要么练习动作不适合极限间歇训练。

注重目标和规范化

本书所列出的每项练习中都有一个需要你留意的特定动作。例如，在做肘部驱动深蹲跳时，每次下蹲都需要肘尖与腿部接触；当向下蹲时，触碰到双膝正上方。

跳起时，肘部应向后摆到身体后面。这些要点有助于规范动作，能保质保量地做每一次下蹲和跳起动作。如果下蹲时肘尖不能触碰双膝上方，或者跳起时肘部不能向后摆至身体后方，那么应减慢运动速度，直到每次重复动作都达到标准。这样能够保证你的动作规范化，也能够保证质量比数量重要，同时还能确保你在做每个动作时用尽全力。

进阶和退阶设置

任何健康水平的人们都应该能够毫无限制地按照间歇训练的完整时间做完每个动作。这正是选择你能轻松将其退阶（使其做起来更简单或更容易控制）或轻松进阶（使动作的挑战性和难度更大），而无须变动太大的动作之所以重要的原因。因此，任何剧烈的、能够急速增加强度的练习都适合这种训练计划。第9章在这方面会讲解得更多。

例如，波比、循环跨步、速滑式以及开合跳都能够做起来很难，但也能被简化，使你在没有损伤风险或不会放弃的情况下完成全部8轮动作。在第9章中，我们会着重介绍这一方面HIIT练习选择的内容。

练习选项清单

我们先列出了极限间歇训练选项清单（见表8.1），然后是混合间歇训练选项清单（见表8.2），最后是难度递增训练选项清单（见表8.3）。尽管混合间歇训练和难度递增间歇训练方案没有极限间歇训练方案的强度高，但它们在全身训练中也起着重要的作用，并能提供变化性的动作，从而创建完整的HIIT锻炼体验。

第5~7章分别讲解了下肢、上肢和核心部位练习。在下文的选项单中，我们按此种方式将练习组合到一起，使你可以按照自己的需要来选择锻炼用的动作。第10章中给出了练习组合的实例——你可以从这些选项清单中选出自己的练习动作，代替第10章练习中的动作。这样的设计是为了让你能够在锻炼中无限可能地变换动作。

请记住，你能够在选项清单中选择两种极限间歇运动来创建自己的混合间歇训练，并会发现混合间歇训练选项是由两种极限间歇动作简单组合而成的。即使你要在这里获取特定的组合，也能够在选择时混合搭配。

表8.1 极限间歇动作选项清单

1 肘部驱动深蹲跳：p.48	2 直角跳转深蹲：p.51	3 双膝俯卧撑：p.91	4 侧跨步深蹲：p.52	5 芭蕾深蹲：p.53	6 分腿半蹲跳：p.55
7 伐木式深蹲 p.56	8 波比：p.57	9 前后弓步：p.59	10 循环弓步：p.60	11 斜弓步触地：p.61	12 巴西弓步：p.62
13 复杂弓步：p.63	14 屈膝交叉弓步：p.65	15 内收侧弓步：p.67	16 前弓步提膝：p.68	17 钟摆弓步：p.69	18 海豚式俯卧撑：p.73
19 登山者：p.72	20 单腿深蹲：p.50	21 莫卧儿转体：p.75	22 转体：p.76	23 增强跳跃：p.77	24 双臂向前开合跳：p.78
25 基本弓步：p.58	26 击踵芭蕾深蹲跳：p.54	27 深蹲跳：p.47	28 波比纵跳：p.70	29 速滑式：p.74	30 平板支撑到顶峰式：p.123

表8.2 混合间歇动作选项清单

1 基本深蹲：p.45 基本弓步：p.58	2 平板支撑：p.87 单膝平板支撑：p.92	3 前臂平板支撑：p.121 前臂侧身平板支撑：p.122	4 单腿深蹲：p.50 循环弓步：p.60	5 俯身划船：p.98 肱二头肌屈臂：p.107	6 V字坐：p.127 完整单车卷腹：p.132
7 分腿半蹲跳：p.55 巴西弓步：p.62	8 肩上推举：p.101 军事化俯卧撑：p.90	9 伐木式深蹲：p.56 登山者：p.72	10 侧跨步深蹲：p.52 深蹲至提踵：p.46	11 胸前推：p.93 背阔肌下拉：p.96	12 半蹲单车卷腹（左和右）：p.131 完整单车卷腹：p.132
13 偏移式分腿姿深蹲：p.49 触摸侧弓步：p.66	14 坐姿划船：p.100 单臂肱二头肌屈臂：p.108	15 桥式：p.133 单腿桥式：p.134	16 直角跳转深蹲：p.51 复杂弓步：p.63	17 推举：p.102 俯跪姿肱三头肌后屈伸：p.110	18 平板支撑：p.87 海豚式俯卧撑：p.73
19 芭蕾深蹲：p.53 单腿平衡弓步：p.64	20 前臂侧身平板支撑加伸手：p.124 肱三头肌俯卧撑：p.89	21 泳姿支撑：p.125 触肩平板支撑：p.120	22 屈膝交叉弓步：p.65 转体：p.76	23 基本俯卧撑：p.88 后弓步波比：p.126	24 桥式：p.133 完整单车卷腹：p.132
25 速滑式：p.74 深蹲跳：p.47	26 单臂俯身划船：p.99 哑铃直立划船：103	27 V字坐转体：p.128 鹰式盘腿反向卷腹：p.130	28 双臂向前开合跳：p.78 莫卧儿转体：p.75	29 飞鸟：p.95 单臂高拉：p.97	30 伐木式：p.129 平板支撑到顶峰式：p.123

表8.3 难、更难、最难（难度递增训练）动作选项清单

1 基本深蹲： p.45 深蹲至提踵： p.46 深蹲跳：p.47	**2** 平板支撑： p.87 触肩平板支 撑：p.120 单膝平板支 撑：p.92	**3** V字坐：p.127 V字坐转体： p.128 完整单车卷 腹：p.132	**4** 触摸侧弓步： p.66 内收侧弓步： p.67 钟摆弓步： p.69	**5** 基本俯卧撑： p.88 胸前推：p.93 肱三头肌后屈 伸：p.109	**6** 伐木式： p.129 后弓步波比： p.126 双臂向前开合 跳：p.78
7 巴西弓步： p.62 复杂弓步： p.63 前后弓步： p.59	**8** 胸前推：p.93 双膝俯卧撑： p.91 飞鸟：p.95	**9** 泳姿支撑： p.125 桥式：p.133 单腿桥式： p.134	**10** 分腿半蹲跳： p.55 波比：p.57 触肩平板支 撑：p.120	**11** 背阔肌下拉： p.96 单臂高拉： p.97 拉力管直立划 船：p.104	**12** 平板支撑到顶 峰式：p.123 半蹲单车卷腹 （左和右）： p.131
13 深蹲至提 踵:p.46 肘部驱动深蹲 跳：p.48 击踵芭蕾深蹲 跳：p.54	**14** 军事化俯卧 撑：p.90 坐姿划船： p.100 拉力管侧平 举：p.106	**15** 增强跳跃： p.77 伐木式： p.129 V字坐：p.127	**16** 斜弓步触地： p.61 屈膝交叉弓 步：p.65 转体：p.76	**17** 肱二头肌屈 臂：p.107 单臂肱二头肌 屈臂：p.108 哑铃侧平举： p.105	**18** 半蹲单车卷腹 （左和右）： p.131 完整单车卷 腹：p.132
19 双臂向前开合 跳：p.78 莫卧儿转体： p.75 速滑式：p.74	**20** 肩上推举： p.101 肱二头肌屈 臂：p.107 单臂肱二头肌 屈臂：p.108	**21** 完整单车卷 腹：p.132 桥式：p.133 鹰式盘腿反向 卷腹：p.130	**22** 循环弓步： p.60 基本深蹲： p.45 击踵芭蕾深蹲 跳：p.54	**23** 胸前推：p.93 肱三头肌俯卧 撑：p.89 平板支撑： p.87	**24** 海豚式俯卧 撑：p.73 前臂侧身平板 支撑：p.122 平板支撑到顶 峰式：p.123
25 波比纵跳： p.70 基本弓步： p.58 单腿平衡弓 步：p.64	**26** 单臂俯身划 船：p.99 哑铃直立划 船：p.103 单臂肱二头肌 屈臂：p.108	**27** 登山者：p.72 平板支撑： p.87 前臂侧身平板 支撑加伸手： p.124	**28** 前弓步提膝： p.68 复杂弓步： p.63 转体：p.76	**29** 波比俯卧撑纵 跳：p.71 胸前推：p.93 背阔肌下拉： p.96	**30** 伐木式深蹲： p.56 V字坐转体： p.128 单腿桥式： p.134

*按照先向左再向右的动作顺序，每侧做两次或轮流交替进行，能够让肌肉组织和身体部位得到平衡。

现在已经熟悉了第5~7章讲解的练习内容以及本章中的练习选项表，第9章将帮你选择能够让你收效最大的动作进阶和退阶选项，选择用于练习的健身器材，以及决定如何监测练习时限。第10章提供了20分钟、30分钟、45分钟的练习组实例，重点介绍锻炼的特定身体部位和用于增加变化的健身器材，以实现具体的训练目标。

第Ⅲ部分

高强度间歇训练计划

第9章

制订你的训练计划

本章提供了混合搭配练习以及在你所选的练习中使用动作退阶、进阶和改变方式的建议。你将学习到如何设置锻炼时间，以及如何在第5~7章给出的练习中使用健身器材。

所有的练习强度都能按比例增加或减少，使你能够成功完成每组练习动作。本章中讲解的策略和技巧随时可以被应用到创建连续、流畅的练习动作中。为了最大化地满足你的训练需求，你将需要规划好练习的退阶方式，才不会危及你的安全。练习的目标是能够在有难度的部分保持动作的控制，因此当动作负荷变强时，你不必停止锻炼。本章中所设计的训练项目遵循递增式超负荷运动应用原则，让你的锻炼方式超健康。

我们也会权衡时间安排选项，使你能够在完成练习任务过程中几乎不中断及几乎不觉得困惑。你将会学到如何为你的锻炼做准备，包括获得你需要的器材以及使用特定工具和小物件。

伸缩运动方式

HIIT需要从一开始就全力以赴做动作，而不要等到第3组或第4组。例如，热身后的一组练习就让自己产生疲劳感。这意味着你要在整套练习的一开始就让自己尽可能地感到疲劳。然后进入休息时间（可能是10秒，也可能更久），休息后以这种最大努力重复练习。你需要选择的不是强度固定的动作，而是那些能够让你立刻感觉疲劳的动作。你所使用的动作进阶和退阶策略将帮助你完成全部间歇训练，特别是当你觉得自己无法完成时。

以下技巧将帮你解决累积的疲劳感，停止或放弃（除非感到疼痛或有潜在损伤）不是提倡的选择。使用这些方法来应对超负荷运动才是坚持练习的关键，即使会让你疲惫不堪。

进阶法和退阶法

由于所有的练习都必须是可实行的，所以你需要建立进阶法（使练习更加具有挑战性的方法）以及退阶法（使练习强度降低的方法），才能让你不停顿地完成每组动作。想一想速滑式练习，你可以通过减速、缩小动作范围，或通过在你面前摆放一个供你触碰的圆锥体或其他物品来缩短你同地面之间的距离以达到降低运动强度的目的。

　　这种方式能够让你在做练习时保持动作的一致性和高质量。这项指导方针所参照的原则正是动作质量比数量重要。动作重复次数更多并不一定等于能够产生更好的健身效果，高质量的动作才能产生高质量的训练效果。

速度

　　如果动作强度大到几乎无法承受或不能连贯进行，就需将速度减慢。如此一来，就能不停顿地完成练习。

动作范围

　　改变动作范围的大小通常能够让练习更易于操控。一般来讲，动作范围缩小能够降低强度，但并非总是如此。例如，通过减慢速度以及下蹲更低能够使莫卧儿转体非常具有挑战性。加快速度也能够增加这一动作的难度，使身体产生不同的疲劳感。

支撑面

　　稳定性是人体自然支撑自身重心的一项功能。例如站立时，对大多数人来说，重心就位于身体的中间，支撑面与脚的放置位置有关。当重心在支撑面范围内，能够达到最大的稳定性。当支撑面缩小，重心可能移出支撑面，动作就会更有难度。例如，双脚并拢或单腿站立比双脚分开站立更难让身体保持平稳。此外，保持平板支撑姿势或做俯卧撑时，双脚并拢比双脚分开支撑或单膝下落难度更大。而且双手间距宽于肩部来做平板支撑或俯卧撑动作将会比双手间距窄更易于操控。在做平板支撑或俯卧撑动作过程中，降低强度或创建退阶法的一个策略是双脚间距更大、双手距离更宽，或单膝下落。

保持姿势

　　有时在做一个动作的过程中，你的身体已感到疲劳，你可能认为自己不能重复做一次，可你却做到了。你能够在锻炼和主动休息时控制体态，同时从精神上鼓励自己继续。例如，俯卧撑有一个向上和一个向下的动作过程。在动作范围的顶部时是平板支撑，而在底部时是一个非常高强度的姿势，此时肱三头肌、胸肌以及核心部位肌肉必须极大地收缩紧绷才能支撑身体平稳，保持身体不落到地面。当你在做俯卧撑的过程中感到疲劳时，可以保持俯卧撑的顶部姿势，即平板支撑姿势；等到你准备好了，再做下一个俯卧撑。当你保持姿势时，甚至可以单膝下落来创建更大的支撑面。这不同于停止动作，因为你的肌肉仍在主动发挥作用。也许你的确不休息就无法再做另一个俯卧撑，不过使用这种姿势保持技巧，仍可以让你在没有放弃练习，也没有危险的情况下，坚持锻炼肌肉。

增强或减弱冲击力

跳跃和其他涉及离地的运动对于某些人来说都非常具有挑战性。增加动作的冲击力一定会提高其强度，因为身体必须克服自身的重力。然而，冲击力并非适合所有人；关节问题以及其他先天条件可能阻碍某些人在个别练习中增加跳跃动作。随着疲劳感的产生，持续的跳跃动作也可能是行不通的。如果提高强度有一定的风险，就完全去掉跳跃动作，或者如果练习负荷变得过于剧烈，那么就仅做几次重复动作，这些都是不错的选择。一种循序渐进的方法是在一轮动作中做两次跳跃，然后恢复到没有冲击力的训练法，之后当你觉得自己能够承受这种冲击力时，再加入跳跃动作。可以在单独一轮间歇训练中（20秒）这样做，或者甚至可以在整个4分钟的循环练习中（例如，在第1、2组中增加跳跃动作，但第3组中取消动作，之后看能否在第4组中再将跳跃动作添加回去）实行。

练习设置指南

极限间歇训练通常与身体重量紧密相连，而混合间歇训练是将体重和便携器材结合使用。无论采用极限间歇法还是混合间歇法，都要牢记下列指南，这样才能保持高水平的运动强度和时间的连贯性，你的锻炼过程也才能流畅自如。

训练准备

由于运动和恢复的历时短，所以两者之间的时间很少。因此，从锻炼开始之前就为每个练习循环做好准备是十分重要的。将所有需要使用的健身器材准备好，以便在短暂的休息时间内能够拿到。

练习顺序

当采用极限间歇法时，练习顺序无关紧要，因为你只需要做一个动作。然而，当采用混合间歇和难度递增训练方案时，你需要按照一定的指南来确保自己准确知道什么时候该做什么练习动作。

• 混合间歇训练: 在第1、2组中做练习1；第3、4组中做练习2；第5、6组中再次做练习1；然后第7、8组中再次做练习2。

• 难度递增间歇训练: 先锻炼较大肌肉，最后锻炼较小肌肉。例如，在胸部练习循环中，先做40秒俯卧撑，然后做30秒前臂侧身平板支撑，最后做20秒肱三头肌练习。按照这种方法，较大的稳定肌群不会过早地感到疲劳，而你也能够安全准确地做完整套练习。

主动腿变化

在混合间歇训练中，你在第1、2组中做练习1，如果需要进行左右腿交换动作，那么从一条主动腿开始练习，一直到下一次再做回练习1动作时才改变主动腿。

例如，在由巴西弓步和转体组成的混合间歇训练中，第1、2组做右腿引导的巴西弓步。第3、4组做练习2，转体。在第5、6组中，你将再次做巴西弓步，但这一次主动腿换成了左腿。然后在第7、8组中做转体动作，完成全套混合间歇训练。这样可以在保持高水平强度的同时，减少产生动作混乱的可能性，帮助你遵循自己的目标使用双腿完成所有练习。

坚持任务

坚持做完整套间歇训练是非常重要的。例如，如果每个练习回合为20秒，你需要坚持动作直到20秒完全结束。如果休息时间为10秒，那么你就只有10秒用来休息，以便为下一组运动做准备。

间歇恢复

间歇练习循环之间的恢复时间可以变化，但推荐你采用 2：1 的比例。例如，如果你进行4分钟Tabata序列练习，那么推荐间歇恢复时间为2分钟。

为练习循环做时间安排

在HIIT锻炼中，理想的方法是能够使用定时器或任何一种定时装置来确定你的休息和运动时间。你可以选择许多能用于智能手机以及其他电子设备的可下载APP软件，例如秒表、计时器或预设音乐。

可下载APP

网络上可以免费下载或购买许多种Tabata计时器。这些计时器使用起来十分简便，能与你的智能手机、iPad或电脑兼容。选择一款能够帮你确定时间，提供清晰明确提示音（铃音、哨声或其他声音）的计时器，来为一组练习和整个4分钟Tabata序列显示开始和结束时间。许多APP在显示时间变化中提供了时间序列、声音以及颜色改变选项。登录网站 www.intervaltimer.com及www.beach-fitness.com/tabata-timer.，可以找到两种计时APP产品。

秒表或计时器

带有秒针的秒表或计时器能够帮助你在HIIT锻炼中定时。一定要让自己直接看到时间显示，这样才能坚持不停顿地进行练习。

预录音乐

一直以来研究都表明音乐对运动员的运动能力有着深远的影响，能够使其克服运动中的不适感。实际上，音乐的确能够帮助动作保持一定的节奏与速度，甚至能够分散你的主观疲劳程度。一些健身音乐公司提供了用于HIIT方案的可下载音乐以及CD光盘。

　　这些CD或播放曲目易于使用立体音响设备或电脑播放，也能够被下载到智能手机或iPad中。音乐能够帮助你在练习中保持运动强度和动力。

　　Dynamix Music音乐网（www.dynamixmusic.com）为HIIT锻炼提供了六种音乐播放列表。Tabata训练营第1、3、5集提供了 20/10的Tabata练习序列时间提示音乐。第2、4、6集（www.tabatabootcamp.com）提供了难度递增间歇训练的时间提示音乐（40秒、30秒及20秒练习）。Power Music 音乐网（www.powermusic.com）和Yes! Fitness Music音乐网（www.yesfitnessmusic.com）也都提供了间歇训练时间提示音乐，用声音提示帮助你掌控训练阶段，使你不必在练习中看着计时器或秒表。

选择健身器材

　　在HIIT锻炼中使用辅助工具以及轻便的器材是一种重要的练习方式，能够改变常规练习内容，提高训练强度，有针对地锻炼身体特定部位，并能提高练习的持久性。第5~7章讲解的各种上肢、下肢以及核心部位的练习，都能容易地加入器材配合练习。以下列出了在具体练习中使用健身器材的一些观点。

　　•在锻炼下肢的深蹲或弓步练习以及许多上肢练习中，可以使用哑铃、药球或壶铃，或者使用悬吊带。

　　•拉力管可以被用于下列上肢练习中：站姿胸前推、肩上推举、肱二头肌屈伸、肱三头肌下压以及背阔肌下拉训练。

　　•在做锻炼核心部位的转体动作中使用药球就很有成效，或者在许多下肢练习中也可以使用药球。

　　•迷你蹦床对Tabata方案极其有用，因为你能够在不必承受地面反作用力和冲击力的状态下，创建极高的运动强度。

　　•滑板滑垫在做平板支撑时，能够轻松地用于双手和双膝下，以及在弓步、波比和桥式动作中被踩在脚下。

　　现在你已经对练习运动有了全面的理解，知道如何设定练习时间，以及克服疲劳感的策略，下面让我们一起了解一下第10章的训练内容吧。

HIIT 训练

现在你已经了解了HIIT的概念，身体对这种训练的反应方式以及不同种类的理想练习动作，那么就让我们一同了解能够用于任何繁忙日程中的最佳HIIT常规练习安排吧。

这一章给出了5种20分钟的练习安排，6种30分钟的练习安排，以及5种45分钟的练习安排。你也会找到一个易于创建你自己的HIIT训练内容的模板，并从第8章提供的练习选项单中进行动作选择。同时不仅给出了热身和放松常规练习的建议，还列出了你在一周中可以随意进行的30项极限间歇4分钟微爆发练习，能够燃烧卡路里并让你按照减重目标和健身计划不断前行。

每项训练都包括身体自重练习、器材选择练习以及时间框架，能够让你明确地知道完成它需要多长时间。自建训练模板将帮助你定制自己的练习安排。最后，一些极限间歇Tabata练习安排将为你提供非常快速有效的4分钟Tabata常规练习选项，它们不受你的运动时间和健康水平的限制。尽管不推荐每天连续进行HIIT训练，但这些4分钟的练习安排十分短暂，足以让你作为日常锻炼项目来提高卡路里的消耗量。4分钟的Tabata练习安排也是你提高健康水平的理想选择。如果你还没有准备好进行整套HIIT训练，那么每天进行4分钟练习，使其融入你目前的常规练习中，将有助于你建立起完整的HIIT训练方案。

主动恢复练习

不推荐每天都进行HIIT练习，是因为其强度太高，所以你需要时间让身体恢复。这也正是在练习HIIT时，恢复练习如此重要的原因。根据这个定义，主动恢复并不表示不运动；它也是一种运动方式，不过是进行超难HIIT训练之外的一些其他练习动作。

可以采用各种形式进行主动恢复练习，只要你不会穿越自己的无氧阈值。以下是一些建议，你可以在两次HIIT训练之间的日子里做这些练习。要保持适度舒适的运动强度，练习的时间长短不限，应控制在20分钟到1小时。

- 跑步机走步或慢跑
- 椭圆训练机
- 卧式健身车或单车健身课程
- 尊巴、踏板操或其他低强度有氧健身运动或课程
- 游泳或水上健身课程
- 瑜伽
- 普拉提

热身和放松

用适当的热身运动让身体做好锻炼准备是确保练习有效和安全的关键。无论你要做何种类型的练习运动，热身活动绝不应被忽略。

练习前热身

热身活动的时间长短不限，应根据锻炼内容和你的感受控制在3~10分钟。热身所产生的结果将会使你的身体温度上升，血流量增大，激素分泌提高，从而更好地适应练习动作，为训练做准备。练习前进行热身运动，也会大大降低你在练习中受损伤的风险。

你的热身练习选择包括低强度的有氧运动，例如原地踏步，跑步机走步或慢跑；使用椭圆训练机或卧式健身车；或任何能够让关节得到润滑，提高体温及血流量，让你感觉更暖和、身体更灵活的运动方式。你也可以做自重练习，例如小范围的深蹲或弓步，对自己即将在练习中做的动作进行演练。另外，有节奏的灵活性运动对身体为剧烈运动做准备也十分有效。

试试下文中主要以自重和延展性为练习重点的运动前热身活动，包括快节奏的流畅动作，用来提高身体的敏捷性和灵活性。

HIIT 训练前热身

坐姿踝关节跖屈和背屈

坐姿，身体挺直，双腿在身前伸展，做踝关节伸直和弯曲（见图*a*~图*c*）。你也可以将踝关节旋转一圈，做10次。

主动举腿

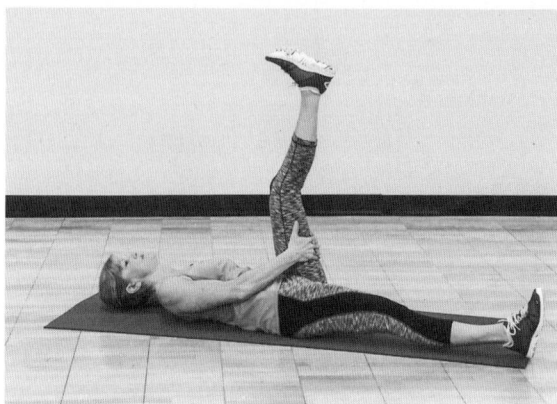

　　仰卧，双膝交换举向胸部。腿部伸直，单手将腿上提（膝盖挺直）。双手位于大腿后方轻轻将腿拉近身体（见图）。此动作做5次，然后换另一条腿重复练习，每次拉伸时间不超过2~5秒。

坐姿双手背后相触

以坐姿开始，双手在背后相触。一只手在上，另一只手在下，进行轮流交换练习，双手努力在背后相触（见图）。每边做5次，然后换边练习。

坐姿4字式

将右踝抬至左腿大腿上方，下面的腿屈膝（见图），然后交换腿练习。保持动作节奏一致，每次交换腿时，双手按压地面。

眼镜蛇式到婴儿式

俯卧，全身放松，双臂支撑，将上肢抬起，双手按压地面，背部弯曲，挺胸（见图*a*）。尽可能地完全伸直手臂，或尽量将身体高推，然后放松至婴儿式，将髋部拉向脚跟，双臂在前面伸展（见图*b*）。按照这一顺序做5次动作。

四肢爬行触肩

以双手双膝支地姿势开始（见图**a**），抬右手触左肩，同时左膝离地抬起几英寸（约7厘米），并缓慢做向前爬行动作（见图**b**)。每侧做5次动作，然后换另一侧练习。

深度至俯卧撑

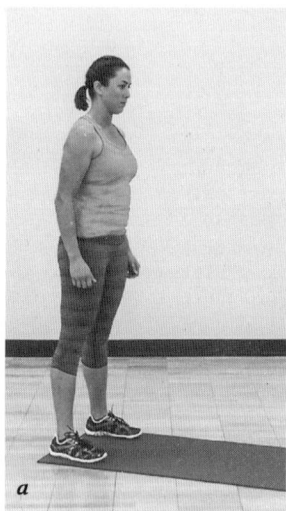

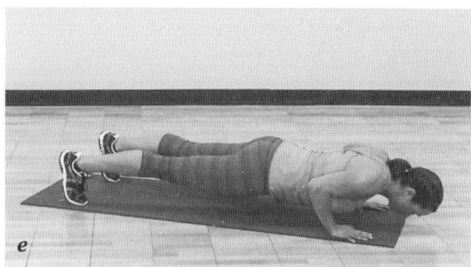

以站姿开始（见图**a**），身体向下做深蹲（见图**b**）。然后双手放于地面，向前伸至平板支撑姿势（见图**c**和图**d**）。做一次俯卧撑动作（见图**e**），双手向后走回到脚前，先起身呈深蹲姿势，然后还原至站立姿势。共做5次。

放松和过渡活动

要想从运动环节过渡出来，就要将自己的身体尽量带回到运动前的状态，或尽可能接近休息静止状态。当完成了最后一组HIIT间歇练习时，要开始慢慢减速活动，而不是完全停止活动。这一点很重要，因为逐渐减慢运动速度能让肌肉继续将血液泵压到全身，从而减少血压发生重大变化的可能性，否则会导致头晕目眩和昏厥。可以做原地踏步或左右侧点地来进行过渡活动。逐渐减缓速度和运动强度也能将心率降到静止水平，并让身体感知到你不再需要增加摄氧量和血流量，也不再需要更多的汗水来降低体温和更多的热量。

在练习的最后进行拉伸运动也非常有好处，因为此时肌肉温暖且柔软，更适合静态拉伸动作。实际上，相比于运动前，更推荐运动后进行静态拉伸。

做3~5分钟放松运动能将身体带回到静止水平。一个明确的信号表明你没有用充足的时间做放松和过渡活动，便是你继续流汗。如果你已结束练习却仍在流汗，那么说明练习后的常规活动时间太短；你需要再花一些时间进行过渡活动，然后做别的事情。

试试下文中的练习后放松或过渡活动。控制和保持每个拉伸动作至少10秒，注意你的呼吸、肌肉和关节的活动范围。

HIIT 训练前热身

仰卧抱膝

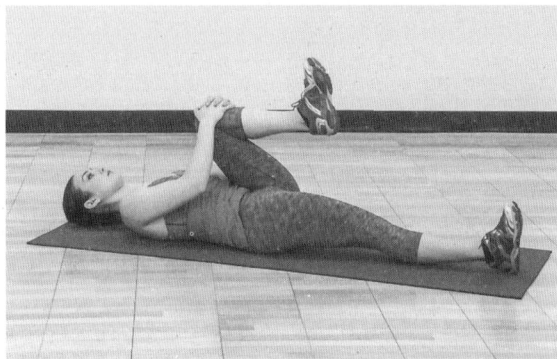

仰卧，右腿伸直，将左膝提高拉向胸部（见图）。用双手十指扣紧膝部，吸气再呼气，继续将膝部向身体拉近。呼气拉膝的过程做3次。然后换另一条腿，重复练习。

直腿上举

仰卧，左膝弯曲，左脚撑地，同时用双手将伸直的右腿上举（见图）。右脚脚尖立起，吸气再呼气，同时轻轻试着将腿再拉近身体一些。保持每次拉伸动作约10秒。然后换另一条腿，重复练习。

仰卧4字式

　　仰卧，单膝弯曲，交叉叠放在另一条腿的膝盖上。双手伸过后腿弯曲的膝部和大腿，抱紧腘绳肌，将腿拉近身体（见图）。你可以双肘用力形成杠杆，并保持拉伸动作，侧髋部和腘绳肌感到拉伸。每次保持10秒。然后换另一侧，重复动作。

仰卧转体

仰卧，双腿上抬，双膝弯曲，肩部着地，手臂向外侧伸展（见图*a*）。双腿落向一侧，同时双肩仍保持着地，如果舒适，可以将头部右转，同时在地面上放松头部和颈部（见图*b*）。深呼吸，每次呼吸时，拉伸动作做得更深入一些。当保持拉伸姿势时，注意从身体中间向一侧转体。然后换另一侧，重复动作。

猫狗式伸展

将双手放于肩部正下方，双膝分开与髋部同宽。以四肢着地姿势开始，做猫式伸展，背部下弯，轻轻上抬头部，提起下颌，同时尾骨内收（见图*a*）。保持姿势几秒钟，然后做狗式拉伸，下颌内收，背部隆起，呼气（见图*b*）。连续轮流做这两种姿势，重复4~6次。

牢记 Tabata 指南

快速回顾下列Tabata HIIT指南。

- 极限间歇训练只包括一项练习。
- 混合间歇训练涉及的练习方式如下。
    - 如果有两项练习，在第1、2组中做练习

1，第3、4组中做练习2，第5、6组中再做练习1，第7、8组再做练习2。

- 如果有四项练习，那么在第1组中做练习1，第2组中做练习2，第3组中做练习3，第4组中做练习4，然后第5组到第8组按相同的顺序重复练习。

HIIT 训练计划

本环节的HIIT训练计划被分成了20分钟、30分钟和45分钟练习。你可以根据自己需要锻炼的时间、健康水平以及训练目标进行选择。许多人认为运动时间越长效果越好，这是不正确的，尤其对于HIIT来说。实际上，时间短的练习并不意味着比时间较长的练习效果差。当你的时间有限，或刚刚开始接触HIIT练习，时间短的练习就十分适合。此外，由于动作质量是成功锻炼的关键，所以无论你做何种练习，只要保持高质量的动作，就一定能收效显著。

这些训练计划被更进一步地分成各种HIIT方案，极限、混合、定时Tabata以及难度递增模式。按照定时顺序练习进行的4分钟微爆发Tabata训练能够插入你的任何一种日常练习活动中，可以作为任何有氧运动的一项很好的补充练习。它们可以在练习开始（热身后），练习中间或常规静态练习的最后进行。如果时间紧，仍想利用HIIT的锻炼好处，也可以做这种练习。

20分钟练习

这部分给出的5种20分钟自重练习所需时间短，且非常有效；所有的动作都选自第8章中的选项单。一种主要锻炼下肢，一种主要锻炼下肢和核心部位，两种主要锻炼上肢和核心部位，还有一种仅重点锻炼核心部位。

尽管这些练习都针对具体的身体部位，但在运动中整个身体也都得到了锻炼，提高了稳定性，增强了力量，并燃烧了卡路里。你将会变得呼吸困难，穿越无氧阈值，但在这些短暂而有力的练习中，仍强调对特定身体部位进行锻炼。

做这些练习时无须任何辅助工具，只需要进行自重练习，因此确保在空地中进行练习，在做上肢和核心部位练习时，如果需要，可以用双膝和肘部在垫上活动，这样会更加舒适。只要感到口渴，就一定要补充水分，或在各组练习之间或间歇计划间喝一小口水。

20分钟练习1
下肢

使用Tabata时间安排，两轮练习间休息60~90秒。
- **热身**：3~5 分钟
- **极限间歇动作1**：肘部驱动深蹲（p.48）——4分钟
- **混合间歇动作1**：基本深蹲（p.45）；基本弓步（p.58）——4分钟
- **混合间歇动作22**：屈膝交叉弓步（p.65）；转体（p.76）——4分钟
- **放松/过渡活动**：3分钟

20分钟练习2
下肢及核心部位

使用Tabata时间安排，两轮练习间休息60~90秒。
- **热身**：3~5 分钟
- **极限间歇动作2**：直角跳转深蹲（p.51）——4分钟
- **混合间歇动作7**：分腿半蹲跳（p.55）；巴西弓步（p.62）——4分钟
- **混合间歇动作24**：桥式（p.133）；完整单车卷腹（p.132）——4分钟
- **放松/过渡活动**：3分钟

20分钟练习3
上肢及核心部位

使用Tabata时间安排，两轮练习间休息60~90秒。
- **热身**：3~5 分钟
- **极限间歇动作3**：双膝俯卧撑（p.91）——4分钟
- **混合间歇动作9**：伐木式深蹲（p.56）；登山者（p.72）——4分钟
- **混合间歇动作3**：前臂平板支撑（p.121）；前臂侧身平板支撑（p.122）——4分钟
- **放松/过渡活动**：3分钟

20分钟练习4
上肢及核心部位

使用Tabata时间安排，两轮练习间休息60~90秒。
- 热身：3~5 分钟
- 极限间歇动作19：登山者（p.72）——4分钟
- 混合间歇动作23：基本俯卧撑（p.88）；后弓步波比（p.126）——4分钟
- 混合间歇动作6：V字坐（p.127）；完整单车卷腹（p.132）——4分钟
- 放松/过渡活动：3分钟

20分钟练习5
核心部位

使用Tabata时间安排，两轮练习间休息60~90秒。
- 热身：3~5 分钟
- 极限间歇动作14：屈膝交叉弓步（p.65）——4分钟
- 混合间歇动作12：半蹲单车卷腹（左和右）（p.131）；完整单车卷腹（p.132）——4分钟
- 混合间歇动作9：伐木式深蹲（p.56）；登山者（p.72）——4分钟
- 放松/过渡活动：3分钟

30分钟练习

这6种30分钟练习不仅包括选用各种轻便健身器材进行运动，也包括自重练习。这些练习所需时间短，且非常有效；所有的动作都选自第8章中的选项单。两种练习重点锻炼下肢，两种重点锻炼上肢和核心部位，还有两种既锻炼下肢也锻炼上肢。为了达到平衡运动，在每种练习循环中我们至少加入了一个核心部位动作和一个极限间歇动作。

需要牢记的是即使一个练习循环可能是针对身体特定部位的练习，你仍将进行全身运动，穿越无氧阈值，在间歇练习之间进行恢复休息。准备好所有需要使用的健身器材，以及需要用来垫双手、双臂和膝部的垫子。将所有的器材都放到你的活动区以外，一定要为休息恢复时准备好饮用水。

备注：当做难度递增间歇训练时，如果时间安排为2分5秒，那么只做一组；如果显示时间安排为4分10秒，那么做两组。每次先右侧主导动作，然后换左侧。

30分钟练习1
下肢

使用Tabata和难度递增时间安排，两轮练习间休息60~90秒。

- 热身：3~5 分钟
- 极限间歇动作5：芭蕾深蹲（p.53）——4分钟
- 难度递增动作1：基本深蹲（p.45）；深蹲至提踵（p.46）；深蹲跳（p.47）——2分5秒
- 混合间歇动作25：速滑式（p.74）；深蹲跳（p.47）——4分钟
- 难度递增动作19：双臂向前开合跳（p.78）；莫卧儿转体（p.75）；速滑式（p.74）——2分5秒
- 混合间歇动作16：直角跳转深蹲（p.51）；复杂弓步（p.63）——4分钟
- 混合间歇动作30：伐木式（p.129）；平板支撑到顶峰式（p.123）——4分钟
- 放松/过渡活动：3分钟

30分钟练习2
下肢

使用Tabata和难度递增时间安排，两轮练习间休息60~90秒。
- 热身：3~5 分钟
- 极限间歇动作25：基本弓步（p.58）——4分钟
- 难度递增动作13：深蹲至提踵（p.46）；肘部驱动深蹲（p.48）；芭蕾深蹲（p.54）——2分5秒
- 混合间歇动作22：屈膝交叉弓步（p.65）；转体（p.76）——4分钟
- 混合间歇动作7：分腿半蹲跳（p.55）；巴西弓步（p.62）——4分钟
- 难度递增动作28：向前提膝弓步（p.68）；复杂弓步（p.63）；转体（p.76）——2分5秒
- 混合间歇动作27：V字坐转体（p.128）；鹰式盘腿反向卷腹（p.130）——4分钟
- 放松/过渡活动：3分钟

30分钟练习3
上肢和核心部位

使用Tabata和难度递增时间安排，两轮练习间休息60~90秒。
器材：拉力管
- 热身：3~5 分钟
- 极限间歇动作30：平板支撑到顶峰式（p.123）——4分钟
- 难度递增动作8：胸前推（p.93）；双膝俯卧撑（p.91）；飞鸟（p.95）——4分10秒
- 混合间歇动作14：坐姿划船（p.100）；单臂肱二头肌屈臂（p.108）——4分钟
- 混合间歇动作11：胸前推（p.93）；背阔肌下拉（p.96）——4分钟
- 难度递增动作15：桥式（p.133）；单腿桥式（p.134）——2分5秒
- 放松/过渡活动：3分钟

30分钟练习4
上肢和核心部位

使用Tabata和难度递增时间安排，两轮练习间休息60~90秒。

器材：哑铃、拉力管

- 热身：3~5分钟
- 极限间歇动作24：双臂向前开合跳（p.78）——4分钟
- 难度递增动作29：波比俯卧撑纵跳（p.71）；胸前推（p.93）；背阔肌下拉（p.96）——4分10秒
- 混合间歇动作18：平板支撑（p.87）；海豚式俯卧撑（p.73）——4分钟
- 混合间歇动作9：伐木式深蹲（p.56）；登山者（p.72）——4分钟
- 难度递增动作17：肱二头肌屈臂（p.107）；单臂肱二头肌屈臂（p.108）；哑铃侧平举（p.105）——4分10秒
- 放松/过渡活动：3分钟

30分钟练习5
下肢和上肢

使用Tabata和难度递增时间安排，两轮练习间休息60~90秒。

器材：哑铃、拉力管

- 热身：3~5分钟
- 极限间歇动作12：巴西弓步（p.62）——4分钟
- 难度递增动作5：基本俯卧撑（p.88）；胸前推（p.93）；肱三头肌后屈伸（p.109）——4分10秒
- 混合间歇动作28：双臂向前开合跳（p.78）；莫卧儿转体（p.75）——4分钟
- 混合间歇动作26：单臂俯身划船（p.99）；哑铃直立划船（p.103）——4分钟
- 混合间歇动作24：桥式（p.133）；完整单车卷腹（p.132）——4分钟
- 混合间歇动作21：泳姿支撑（p.125）；触肩平板支撑（p.120）——4分钟
- 放松/过渡活动：3分钟

30分钟练习6
下肢

使用Tabata和难度递增时间安排，两轮练习间休息60~90秒。

器材：哑铃

- 热身：3~5 分钟
- 极限间歇动作25：基本弓步（p.58）——4分钟
- 难度递增动作13：深蹲至提踵（p.46）；肘部驱动深蹲（p.48）；芭蕾深蹲（p.54）——2分5秒
- 混合间歇动作22：屈膝交叉弓步（p.65）；转体（p.76）——4分钟
- 混合间歇动作7：分腿半蹲跳（p.55）；巴西弓步（p.62）——4分钟
- 难度递增动作28：向前提膝弓步（p.68）；复杂弓步（p.63）；转体（p.76）——2分5秒
- 混合间歇动作27：V字坐转体（p.128）；鹰式盘腿反向卷腹（p.130）——4分钟
- 放松/过渡活动：3分钟

45分钟练习

这5种45分钟练习不仅包括各种使用轻便健身器材进行运动，也包括自重练习。这些练习所需时间短，且非常有效；所有的动作都选自第8章中的选项单。所有5种练习都分别针对下肢、上肢和核心部位。每项练习至少包括一个极限间歇动作和一个核心部位练习动作。由于这些练习历时较长，所以比起20分钟和30分钟的练习，它们的强度有所变化。

虽然这些练习比之前的练习时间长，但你也会穿越无氧阈值，在间歇练习之间进行休息恢复。重要的是控制节奏，尽全力做每一组动作，并使用前面章节中讲到的成功练习的策略。

准备好所有需要使用的健身器材，以及需要用来垫双手、双臂和膝部的垫子。将所有的器材都放到你的活动区以外，一定要为休息恢复时准备好饮用水。

备注：当做难度递增间歇训练时，如果时间安排为2分5秒，那么只做一组；如果显示时间安排为4分10秒，那么做两组。每次先右侧主导动作，然后换左侧。

45分钟练习1
下肢和上肢

使用Tabata和难度递增时间安排，两轮练习间休息60~90秒。
器材：哑铃、拉力管
- 热身：3~5分钟
- 极限间歇动作27：深蹲跳（p.47）——4分钟
- 难度递增动作7：巴西弓步（p.62）；复杂弓步（p.63）；前后弓步（p.59）——4分10秒
- 混合间歇动作30：伐木式（p.129）；平板支撑到顶峰式（p.123）——4分钟
- 难度递增动作10：分腿半蹲跳（p.55）；波比（p.57）；触肩平板支撑（p.120）——4分10秒
- 难度递增动作14：军事化俯卧撑（p.90）；坐姿划船（p.100）；拉力管侧平举（p.106）——4分10秒
- 混合间歇动作9：伐木式深蹲（p.56）；登山者（p.72）——4分钟
- 难度递增动作26：单臂俯身划船（p.99）；哑铃直立划船（p.103）；单臂肱二头肌屈臂（p.108）——4分10秒
- 放松/过渡活动：3~5分钟

45分钟练习2
下肢和上肢

使用Tabata和难度递增时间安排，两轮练习间休息60~90秒。
器材：拉力管
- 热身：3~5 分钟
- 极限间歇动作21：莫卧儿转体（p.75）——4分钟
- 难度递增动作25：波比纵跳（p.70）；基本弓步（p.58）；单腿平衡弓步（p.64）——4分10秒
- 难度递增动作16：斜弓步触地（p.61）；屈膝交叉弓步（p.65）；转体（p.76）——2分5秒
- 混合间歇动作14：坐姿划船（p.100）；单臂肱二头肌屈臂（p.108）；——4分钟
- 难度递增动作8：胸前推（p.93）；双膝俯卧撑（p.91）；飞鸟（p.95）——4分10秒
- 极限间歇动作22：转体（p.76）——4分钟
- 混合间歇动作10：侧跨步深蹲（p.52）；深蹲至提踵（p.46）——4分钟
- 混合间歇动作12：半蹲单车卷腹(左和右)（p.131）；完整单车卷腹（p.132）——4分钟
- 放松/过渡活动：3~5分钟

45分钟练习3
下肢和核心部位

使用Tabata和难度递增时间安排，两轮练习间休息60~90秒。
- 热身：3~5 分钟
- 极限间歇动作6：分腿半蹲跳（p.55）——4分钟
- 混合间歇动作9：伐木式深蹲（p.56）；登山者（p.72）——4分钟
- 难度递增动作12：平板支撑到顶峰式（p.123）；半蹲单车卷腹(左和右)（p.131）——4分10秒
- 极限间歇动作23：增强跳跃（p.77）——4分钟
- 混合间歇动作25：速滑式（p.74）；深蹲跳（p.47）——4分钟
- 混合间歇动作22：屈膝交叉弓步（p.65）；转体（p.76）——4分钟
- 混合间歇动作21：泳姿支撑（p.125）；触肩平板支撑（p.120）——4分钟
- 难度递增动作27：登山者（p.72）；平板支撑（p.87）；前臂侧身平板支撑加伸手（p.127）——4分10秒
- 放松/过渡活动：3~5分钟

45分钟练习4

上肢和核心部位

使用Tabata和难度递增时间安排，两轮练习间休息60~90秒。

器材：哑铃、拉力管

- 热身：3~5分钟
- 极限间歇动作3：双膝俯卧撑（p.91）——4分钟
- 混合间歇动作15：桥式（p.133）；单腿桥式（p.134）——4分钟
- 难度递增动作23：胸前推（p.93）；肱三头肌俯卧撑（p.89）；平板支撑（p.87）——2分5秒
- 难度递增动作3：V字坐（p.127）；V字坐转体（p.128）；完整单车卷腹（p.132）——2分5秒
- 混合间歇动作26：单臂俯身划船（p.99）；哑铃直立划船（p.103）——4分钟
- 极限间歇动作24：双臂向前开合跳（p.78）——4分钟
- 难度递增动作23：胸前推（p.93）；肱三头肌俯卧撑（p.89）；平板支撑（p.87）——2分5秒
- 难度递增动作11：背阔肌下拉（p.96）；单臂高拉（p.97）；拉力管直立划船（p.104）——4分10秒
- 放松/过渡活动：3~5分钟

45分钟练习5

下肢和上肢

使用Tabata和难度递增时间安排，两轮练习间休息60~90秒。

器材：拉力管、哑铃

- 热身：3~5分钟
- 极限间歇动作16：向前提膝弓步（p.68）——4分钟
- 极限间歇动作28：波比纵跳（p.70）——4分钟
- 难度递增动作22：循环弓步（p.60）；基本深蹲（p.45）；击踵芭蕾深蹲跳（p.54）——2分5秒
- 难度递增动作18：半蹲单车卷腹(左和右)（p.131）；完整单车卷腹（p.132）——4分10秒
- 难度递增动作4：触摸侧弓步（p.66）；内收侧弓步（p.67）；钟摆弓步（p.69）——2分5秒
- 难度递增动作9：泳姿支撑（p.125）；桥式（p.133）；单腿桥式（p.134）——4分钟
- 混合间歇动作5：俯身划船（p.98）；肱二头肌屈臂（p.107）——4分钟
- 混合间歇动作17：推举（p.102）；俯跪姿肱三头肌后屈伸（p.110）——4分钟
- 放松/过渡活动：3~5分钟

4 分钟微爆发 Tabata 练习

如果你时间有限，那么下列任何一种Tabata极限间歇动作都能为你快速地创建高强度的练习。当提到通过HIIT训练来保持高水平的健身练习时，这些强劲的4分钟微爆发间歇动作就能够使你获得理想的结果。可别低估它们的强度；你只需要做一个4分钟间歇循环练习，就能获得高强度间歇训练的益处。它们不是完整训练的替代品，但可以每天练习1次，或者在那些你不适合做完整HIIT练习的日子中使用。它们也可以被用于长跑、徒步走以及力量或瑜伽运动的辅助练习。

在做这些运动中的任何一项时，要先至少热身1分钟。需要牢记的是，一项极限间歇运动只由一个练习动作组成，你需要尽全力做20秒，然后进行10秒主动或被动恢复，接着再继续进行一组又一组的练习。8组练习组成了一次完整的4分钟极限间歇Tabata练习。在开始一天的生活或下一项运动之前，一定要将身体放松，并从练习中完全过渡出来。

肘部驱动深蹲 (p. 48)
直角跳转深蹲 (p. 51)
双膝俯卧撑 (p. 91)
侧跨步深蹲 (p. 52)
芭蕾深蹲 (p. 53)

分腿半蹲跳 (p. 55)
伐木式深蹲 (p. 56)
波比 (p. 57)
前后弓步 (p.59)
循环弓步 (p. 60)
斜弓步触地 (p. 61)
巴西弓步 (p. 62)
复杂弓步 (p. 63)
屈膝交叉弓步 (p. 65)
内收侧弓步 (p. 67)
向前提膝弓步 (p. 68)
钟摆弓步 (p. 69)
海豚式俯卧撑 (p. 73)
登山者 (p.72)
单腿深蹲 (p. 50)
莫卧儿转体 (p. 75)
转体 (p. 76)
增强跳跃 (p. 77)
双臂向前开合跳 (p. 78)
基本弓步 (p. 58)
击踵芭蕾深蹲跳 (p. 54)
深蹲跳(p. 47)
波比纵跳 (p. 70)
速滑式 (p. 74)
平板支撑到顶峰式 (p. 123)

创建你自己的练习

　　使用第8章中的极限间歇、混合间歇以及难度递增间歇动作选项能够十分容易地创建你自己的练习。只要根据你的运动能力和运动目标，简单地将这些练习混合搭配就好。你可以使用下面的模板将你选的动作随意组合到一起。这种模板是为20分钟到30分钟时长的练习设计的，可以简单地添加或删除动作来创建适合你日程的练习时间框架。别忘记练习前热身和练习结束后放松。

练习创建模板

热身	间歇动作1	间歇动作2	间歇动作3	间歇动作4
下肢锻炼				
上肢锻炼				
核心部位锻炼				
放松				

摘自：艾琳·刘易斯–麦考密克，HIIT权威指南.（伊利诺伊大学香槟分校:人体运动出版社）.

时间不足？

　　许多善意的锻炼者会提出这样的问题，即她们没有足够的时间将连贯的练习安排到每日或每周日程中。无论你现在的体形如何，或为何训练，HIIT方案都是一个高效率的选择。因为可以在每周中的一天或三个不连续日中进行20~45分钟的练习运动，便能取得惊人成果。这正是HIIT方案如此受欢迎的一个重要原因。采用这些练习项目，你无须花费大量的时间就能从锻炼中受益。如果你能用来运动的时间更少，那么每天仅做一次4分钟Tabata间歇循环练习就足以帮你保持在减重的正轨上，并能提高你的整体健康水平。本书中所有练习项目都包括心肺和力量训练成分，为你提供了HIIT的一切好处。

一个新的健身计划的成功执行取决于你所打下的基础。这些HIIT练习是为了实现强身健体的终极目标而设置的。如果30分钟或45分钟练习对你来说时间太长，那么就从20分钟练习开始，一周一次或两次。如果练习量仍然太大，那么就从每次练习时做一个4分钟Tabata间歇练习开始（每周做3~5天）。这将帮你建立起一个无氧健身基础，从而能够逐渐提高以实现自己的健身目标。

请记住精益求精，所以要重视动作质量而非动作数量，按照自己能够控制好的节奏进行运动。以这些信息作为指导来开始你的训练，并主动学习能够融入你的HIIT练习中的更多运动类型。

参考文献

Coe, S. 2013. Running my life. London: Hodder & Stoughton.

Gibala, M. 2009. Molecular responses to high-intensityinterval exercise. Applied Physiology, Nutrition,and Metabolism 34(3), 428–432.

Gibala, M.J., J.P. Little, M.J. MacDonald, and J.A.Hawley. 2012. Physiological adaptations to low-volume, high-intensity interval training in healthand disease. Journal of Physiology 590 (5): 1077–1084.

Haltom, R.W., et al. 1999. Circuit weight training andits effects on excess postexercise oxygen con–sumption. Medicine ξ Science in Sports ξ Exercise31, 1613–8.

Helgerud, J, K. Hoydal, E. Wang, T. Karlsen, P.Berg, M. Bjerkaas, T. Simonsen, C. Helgesen, N.Hjorth, R. Bach, and J. Hoff. 2007. Aerobic high-intensity intervals improve VO_2max more thanmoderate training. Medicine ξ Science in Sports ξ Exercise 39(4):665–71.

Hill, A.V. 1931. Adventures in biophysics. Philadel–phia: University of Pennsylvania Press.

Hill, A.V., and H. Lupton. 1923. Muscular exercise,lactic acid, and the supply and utilization ofoxygen. Quarterly Journal of Medicine 16, 135.

Kravitz, L. 2014. Metabolic effects of HIIT. IDEA Fit–ness Journal 11(5), 16–18.

Mylrea, M. 2011. Tabata bootcamp certification train–ing manual. Carlsbad, CA: Savvier Fitness.

Osterberg, K.L., and C.L. Melby.

2000. Effect ofacute resistance exercise on postexercise oxygenconsumption and resting metabolic rate in youngwomen. International Journal of Sport Nutritionand Exercise Metabolism 10 (1), 71–81.

Perry, C.G., G.J. Heigenhauser, A. Bonen, and L.L.Sprier. 2008. High-intensity aerobic interval train–ing increases fat and carbohydrate metaboliccapacities in human skeletal muscle. AppliedPhysi–ology, Nutrition, and Metabolism 33(6):1112–23.

Reynolds, J.M., and L. Kravitz. 2001. Resistance train–ing and EPOC. IDEA Personal Trainer 12(5), 17–19.

Schuenke, M.D., R.P. Mikat, and J.M. McBride. 2002.Effect of an acute period of resistance exercise onexcess post-exercise oxygen consumption: Impli–cations for body mass management. EuropeanJournal of Applied Physiology 86(5):411–7.

Slordahl, S.A., V.O. Madslien, A. Stoylen, A. Kjos, J.Helgerud, and U. Wisl~ff. 2004. Atrioventricularplane displacement in untrained .and trainedfemales. Medicine ξ Science in Sports & Exercise36: 1871–1875.

Tabata, I., K. Nishimura, M. Kouzaki, Y. Hirai, E Ogita,M. Miyachi, and K. Yamamoto. 1996. Effects ofmoderate-intensity endurance and high-intensityintermittent training on anaerobic capacity andVO2max. Medicine ξ Science in Sports ξ Exer–cise 28(10):1327–30.

索　引

作者简介

艾琳·刘易斯 – 麦考密克女士是一位私人教练、国际主持人、作家以及具有 30 年经验的健身达人。她毕业于爱荷华州立大学，取得了运动科学生理学专业的理科硕士学位。她是一位美国国家体能协会认证的体能训练专家，并持有美国有氧体能协会、美国运动医学会、美国运动协会、水上运动协会、TRX、YogaFit 以及许多其他组织颁发的多项专业资格证书。刘易斯 – 麦考密克出版过《女士肌肉力量指南》（人体动力出版社，2012），是 SCW 健身、ACSM、概念健康健身、梅奥诊所以及其他许多国际机构的教员。她现任 TRX 悬吊训练大师课程教练，Tabata 训练营资深导师，Barre Above 运动实验室教员，以及跳跃运动健身机构的大师级导师。她曾作为一名特色主持人录制过许多 DVD 节目，包括产前及产后运动、水中运动、力量训练、小团体训练、循环训练、普拉提以及泡沫滚轴运动练习节目。刘易斯 – 麦考密克是一位消费与健身类出版物的撰稿人，包括 Shape，More，*IDEA Healtb & Fitness Jaurnd*，*Prevention*，*Fitness Management*，*Diabetic Living*，*Diet* 以及 *Heart Healthy Living* 期刊。她还就职于 *Diabetic Living* 杂志编辑顾问委员会，是美国运动协会的一名主题专家和考试命题者。